U0563481

话说唐僧

一个真实的唐僧　一个在大唐帝国横空出世的高僧　一个集智勇忠义于一身的历史圣贤

HUASHUO TANGSENG

冯保善 著

社会科学文献出版社
SOCIAL SCIENCES ACADEMIC PRESS(CHINA)

图书在版编目(CIP)数据

话说唐僧/冯保善著. -北京:社会科学文献出版社,
2007.10

ISBN 978-7-80230-839-8

Ⅰ.话... Ⅱ.冯... Ⅲ.玄奘(602~664)-评传
Ⅳ.B949.92

中国版本图书馆CIP数据核字(2007)第153686号

【目录】

话说唐僧

（图文本）

【目录】

话说唐僧

（图文本）

【目录】

话说唐僧

（图文本）

序

王立群

2004 年 9 月，国务院新闻办公室公布首批中国对外宣传的历史上的圣贤，玄奘的大名赫然在目。他的名字与老子、孔子、孟子、孙子、屈原并列。

2005 年 6 月，央视发起的纪念玄奘法师的大型跨年度、跨国界文化考察活动“玄奘之路”，隆重而热烈地拉开了序幕。

2007 年 2 月 12 日，坐落在印度比哈尔邦那烂陀的玄奘纪念堂，修缮竣工，分别来自中国与印度的 300 多位高僧和官员，在那里举行了盛大的庆祝仪式。

玄奘法师，一位在中国历史上一个伟大时代里横空出世的伟大高僧，凭着他卓越的历史贡献，享有着他应该享有的一切纪念。

在当下的中国，人们将宗教家、哲学家、旅行家、翻译家、中印文化交流的使者等等封号，毫不吝啬地送给了玄奘法师。相比较，我却以为，

“唐僧”这一称号，对于玄奘法师，似乎要显得更为贴切自然。以“唐僧”作为玄奘的称号，不是玄奘的自封，也不是个别佛教徒对玄奘的“抬举”，这是一个历史形成的评价，是历史老人量体裁衣，根据玄奘法师对中国历史所做出的伟大贡献，为他所特制的一顶极其合适的桂冠。

玄奘法师对于中国历史的贡献，有他跋涉十九年，九死一生，带回的那些经像为证；有他历时十九年，主持翻译的七十余部、一千三百多卷佛教典籍为证；有他奉大唐天子李世民之命，编写的那部后来被印度史学界推崇备至的《大唐西域记》为证。除此之外，我觉得，他的“践流沙之漫漫，陟雪岭之巍巍，铁门巉崄之涂，热海波涛之路，始自长安神邑，终于王舍新城，中间所经五万余里”(《大慈恩寺三藏法师传》卷五)，不恋荣华，载誉归来，由此所体现出的那种矢志追求、百折不挠、勇猛精进、利导众生的精神，与开放的胸襟、赤子的情怀，在我们重铸民族精神的今天，也许更具有现实的当下意义。

毕生以利导众生为己任的唐僧，在他的身后，千百年来，也一直为人们津津乐道地传颂着。各种各样的“取经故事”，以“取经故事”为题材的多种文学艺术创作，绵延不绝，累代不衰。至明代章回小说《西游记》出现，乃集其大成，成为举世公认的经典名著，蜚声海内外，流传于世界各地，使得唐僧更成了家喻户晓、妇孺皆知的人物。“西游记故事”与章回小说《西游记》，对于唐僧事迹的传播，功莫大焉。但唐僧事迹在民间传播中的逐渐被神话，与已经成为神话的《西游记》小说的风靡世界，深入人心，也使得作为历史人物的唐僧，他的真实事迹，被人们不应该地给遗忘了。在一般读者的印象里，说起唐僧，也就仅是《西游记》里所描绘的那个唐僧了。为了这不应该的遗忘，我们有必要了解历史上的唐僧其人。而冯保善编审的《话说唐僧》一书，以还原历史上唐僧的真实面目为旨归,就有了它充分的必要。

在我看来,《话说唐僧》一书,具有这样几个特点:

一、追求真实。本书以传记的形式,以历史事实为根据,分设:楔子、华阀裔孙、净土寺出家、游学大江南北、求法缘起、杖策孤征、穿越西域各国、来到佛国、大难不死、那烂陀寺的中国留学僧、周游五印、女曲城里的大乘天、学成归来、社会活动与译经事业、生前身后名、从玄奘取经到《西游记》诸章节,以玄奘一生事迹为主干,完整清晰又真实地叙述了传主的人生轨迹。

二、比较异同。小说《西游记》里的唐僧与历史上的玄奘,有同有异,异大于同。本书从唐僧出身、出家始末、取经缘起、人生结局等方面,进行了具体的比较,读来一目了然。从历史上的玄奘取经,到神话小说《西游记》,中间虽经过了数百年民间传说、说书艺术、戏曲创作等世代累积的漫长过程,但在历史上的唐僧取经故事里,其实已经包涵了神话的因子,本书于此也都做了细致地发掘揭示。这对于既往关于《西游记》成书的研究中,重取经故事演变,而忽略取经史实与小说之间关系的局面,有纠偏之功。

三、大众叙事形式。鲁迅赞司马迁的《史记》,谓之“史家之绝唱,无韵之《离骚》”,前句是说,在汗牛充栋的历史著作里,《史记》一书,前无古人,后无来者,有着极其崇高的地位;后句是说,《史记》虽为史著,却有着斐然的文采,生动的叙事,有着卓绝的文学成就。《史记》为我们树立了光辉的典范。在传播传统文化中,如何摆脱抽象的说教,引发受众的兴趣,叙事形式,是一个值得认真探讨的问题。本书以文学叙事笔法,叙写历史上的唐僧故事,比较其与《西游记》中文学形象唐僧的区别,在学术大众化方面,做出了有益的尝试。

保善君是我二十多年前的学生，大学毕业后负笈南下，到了六朝古都南京，先后攻读古典文学硕士学位、戏剧戏曲学博士学位。多年来孜孜矻矻，于古典文学，尤其是在古代小说戏曲研究方面，成果颇多。今其《说话唐僧》一书即将付梓，问序于余，乐为之序。

楔　子

我的家乡在豫北平原。这是一块古老的土地。县名“获嘉”,据史书上说,是因为当年南方吕嘉叛乱,汉武大帝御驾亲征,到了这儿,听到前方传来捕获吕嘉的消息,为了纪念这振奋人心的胜利,皇帝金口玉言,赐名此地曰“获嘉”,迄今其名未改。在这生我养我的土地上,随处可见历史留下的印痕。我出生的村庄名“宣阳驿”,大约也是古代的驿站一类,同样饱含着历史的沧桑,总令人不免兴起白云苍狗的感慨。

这古老悠久的黄土地,在历史长河的激流翻滚中,几经沉浮,却早已是辉煌不再,落寞孤寂,不为人知,仿佛成了一座原始闭塞的古堡。在这儿,我的童年时期,最幸福的时光,莫过于夏日的夜晚,在露天的院子里,仰望着寥廓天空里闪烁的繁星,听父亲断断续续地讲些残缺的《西游记》故事,编织着自己的天宫想像;或者,就是在漫漫的寒夜, 于炉火旁边,或是在温暖的被窝里,听母亲说些花妖狐魅的离奇神话。一直到了18岁,因为高考考取了县里的文科状元,作为代表到市里去交流经验,这才是我第一次走出县城的大门,到了新乡。那一年是1981年。

最初知道"唐僧",当然是来自父亲讲述的《西游记》故事。《西游记》里讲唐僧的父亲是海州人,如此,这海州,自然也就应该是唐僧的老家了。至于海州在什么地方,在儿时的想像里,虽不像《西游记》里的天宫那样遥远,也同样是一个远不可及的地方。最终知道唐僧是历史上真实存在过的一个人物,法名玄奘,家乡就在河南的豫西,是在读大学中文系,听老师讲《西游记》小说的时候。大学里的授课总是走马观花、蜻蜓点水,虽然老师分析《西游记》里的文学形象唐僧也讲得头头是道,但那依然都是小说里的事情,所以,虽然与"唐僧"认了"老乡",却对"老乡"的不辨人妖、不分贤愚、懦弱胆小、爱听谗言、逢恶山险水便大惊失色、遇妖魔鬼怪就哀求乞怜的窝囊相,很有些不屑,自然也就不会引他以为荣光了。

得之于小说里的印象,竟根深蒂固,令人总难以抹去。我们就先从小说里的相关文字描写说起吧!

第十三回,此时的唐僧还没有收孙悟空、猪八戒、沙僧为徒,只是带了两个普通的从者、一匹坐骑的凡马。刚过了河州卫,离了边界,这日起得太早了,"一行三人,连马四口,迎着清霜,看着明月,行有数十里远近,见一山岭,只得拨草寻路,说不尽崎岖难走。又恐怕错了路径,正疑思之间,忽然失足,三人连马都跌落坑坎之中。三藏心慌,从者胆战。却才悚惧,又闻得里面哮吼高呼:'拿将来!拿将来!'只见狂风滚滚,拥出五六十个妖邪,将三藏、从者揪了上去。这法师战战兢兢地偷眼观看,上面坐的那魔王,十分凶恶。……唬得个三藏魂飞魄散,二从者骨软筋麻”。幸得太白金星救脱，惊魂甫定，在山坡上遇到了猎户刘伯钦，见其手执钢叉，腰悬弓箭，便又以为遭遇了强盗，“三藏见他来得渐近，跪在路旁，合掌高叫道：‘大王救命！大王救命！’那条汉到边前，放下钢叉，用手搀起，道：‘长老休怕。我不是歹人。我是这山中的猎户。’”如果说，在孙悟空、猪八戒、沙僧尚未出现以前，因为身边缺少护法的人，这时的唐僧有如此种种表现，还都属于凡夫俗子的常态，没有必要对其进行苛责的话，那么，在拥有了三人以后，唐僧的遇到妖怪便“坐不稳雕鞍，翻跟头跌下马来，斜倚在路旁，真个是魂飞魄散”、“说着话，泪落如雨”、“满眼下泪道”等等表现，却已是不免令人大失所望，很不以为然了。

胆怯懦弱，终究是个庸人，却算不得人品上的瑕疵；而不辨贤愚、不分邪正、不识好歹、不顾情谊，这却毫无疑问地要算是人品的问题，不能不让人为之不齿。再看《西游记》中唐僧的表现：

第二十七回《尸魔三戏唐三藏，圣僧恨逐美猴王》写到，唐僧一行来到一座险峻的高山下。山上有个妖精，听说唐僧“本是金蝉子化身，十世修行的原体。有人吃他一块肉，长寿长生”，便一心一意，想要拿了唐僧，吃他的肉。因为惮于孙、猪、沙三位的神力，妖精摇身一变，变成一位月貌花容的女子，“左手提着一个青砂罐儿，右手提着一个绿磁瓶儿，从西向东，径奔唐僧”。此时孙悟空化斋去了，猪八戒见那女子生得俊俏，动了凡心，忍不住胡言乱语，上前搭讪。那女子回道：“长老，我这青罐里是香米饭，绿瓶里是炒面筋。特来此处无他故，因还誓愿要斋僧。”肉眼凡胎的三藏，连忙跳起身来，合掌当胸道：“女菩萨，你府上在何处住？是甚人家？有甚愿心，来此斋僧？”分明是个妖精，那长老却也不认得。这时，孙悟空从南山顶上摘桃子归来，睁火眼金睛，“认得那女子是个妖精，放

《西游记》版画

下钵盂，掣铁棒，当头就打。唬得个长老用手扯住道：‘悟空！你走将来打谁？’”孙悟空说这女子是个妖精，唐僧却死活不信。孙悟空使棒打去，那妖精使个解尸法，撇下了假尸首逃去，便唬得个长老战战兢兢，口中作念道：“这猴着然无礼！屡劝不从，无故伤人性命！”悟空让唐僧看那女子留下的饭罐瓶子，只见满是拖着尾巴的长蛆，还有青蛙、癞蛤蟆。旁边的猪八戒挑唆，说这都是孙悟空怕念《紧箍儿咒》，使障眼法变的，于是三藏不顾眼前事实，竟真的念起《紧箍儿咒》，直疼得孙悟空喊叫：“头疼！头疼！莫念！莫念！”那妖精元神逃去，将孙悟空恨得咬牙切齿，又不甘心徒劳无功，便在那山坡下，摇身一变，再变成年满八旬的老妇人，“手拄着一根弯头竹杖，一步一声的哭着走来”。孙悟空认得仍是妖精变的，“更不理论，举棒照头便打。那怪见棍子起时，依然抖擞，又出化了元神，脱真儿去了，把个假尸首又打死在山路之下”。唐僧见此，更不辨真假，“只是把那《紧箍儿咒》颠倒足足念了二十遍。可怜把个行者头勒得似个亚腰儿葫芦，十分疼痛难忍，滚将来哀告”。唐僧却执意要赶孙悟空回去。妖精也不会善罢甘休，再次变做一个老公公，前来哄骗唐僧。孙悟空担心的只是师父被妖精掳去，他怕妖精再次逃脱，便念动咒语，唤来山神、土地，协助帮忙，有诸神的通力照应，大圣棍起处，“打倒妖魔，才断绝了灵光”，原来是一堆粉骷髅，脊梁上一行字，叫“白骨夫人”。旁边的猪八戒再次谗言挑唆，“唐僧果然耳软，又信了他”，反复念起《紧箍儿咒》，并且吃了秤砣，决不肯接受孙悟空的恳求，铁了心要将自己的救命恩人赶走了事。

读了这段故事，人们对于唐僧的所作所为，相信也就不是一般的愤怒了。而正是这一则故事，在建国以后，曾被改编为剧本《孙悟空三打白骨精》，到各地巡回演出。著名诗人郭沫若先生看了戏剧演出，即兴赋诗《看〈孙悟空三打白骨精〉》七律一首，以志感慨：

人妖颠倒是非淆，
对敌慈悲对友刁。
咒念金箍闻万遍，
精逃白骨累三遭。
千刀当剐唐僧肉，
一拔何亏大圣毛。
教育及时堪赞赏，
猪犹智慧胜愚曹。

看来，郭沫若对唐僧的人妖颠倒、敌我不分、奖惩不明，及其惩罚功臣、放走敌人，也正是有着扑腾腾的怒火燃烧，无法自已，于是愤怒而成诗篇，唱出了“千刀当剐唐僧肉”的名句，来泄其愤懑与不平。

这首诗被毛泽东看见了，政治家也写了首七律——《和郭沫若同志》：

一从大地起风雷，
便有精生白骨堆。
僧是愚氓犹可训，
妖为鬼蜮必成灾。
金猴奋起千钧棒，
玉宇澄清万里埃。
今日欢呼孙大圣，
只缘妖雾又重来。

政治家毕竟与诗人不同。政治家们很少有真正被主观感情燃烧并左右的时候，更多的却是理智和冷静。在政治家毛泽东理性的眼光里，唐僧固然可恶，但他也终究是因为受了蒙蔽的缘故，是可以教育好的一类，仍然是属于圈内的自己人，而并非水火不能相融的敌人。妖精则是我们革命人民共同的大敌，与妖精的矛盾，才是关涉到大是大非的真正的敌我矛盾。于是，毛泽东以他富有煽动性的文字，郑重点出，在今天，在当下，在我们的身边，一股妖雾已然泛起，这有类于白骨精的死灰复燃，是需要我们在战术上重视的敌人，我们欢呼除妖灭怪的孙悟空出现，像消灭白骨精那样，来将敌人铲除净尽。毛泽东的认识当然更显得谋略深远；其革命领袖的地位，也使得他的这首诗，较之郭沫若的作品，更为人耳熟能详。也因为如此，"愚氓"——这顶"钦定"的帽子，便牢牢地套在了唐僧——玄奘的头上，一如唐僧当年套在孙悟空头上的金箍儿那样，坚牢得不可摘除。

有足够的理由相信，凭着毛泽东、郭沫若的文史修养，他们对于小说中人物唐僧的原型——玄奘法师及其历史贡献，都应该是相当清楚的。以毛泽东为例，他对于玄奘，甚至还是由衷地钦佩的。他在各类讲话里就曾经多次提起过玄奘的西行取经及其在佛经翻译方面的成就。如1937年，在欢迎从苏联归来的陈云时，毛泽东说："唐僧去的西天叫天竺国，就是现在的印度，他们取的经是佛经；咱们去的西天是苏联，取的经是马克思列宁主义。"1942年，在中央编译部成立时，毛泽东致信何凯丰说："为全党着想，与其做地方工作，不如做翻译工作，学个唐三藏及鲁迅，实是功德无量的。"1945年，在中央"七大"上，毛泽东说："中国历史上也有翻译，比如唐僧取经，经过九九八十一难才回来。唐僧就是一个大翻译家，取经回来后设翻译馆，就翻印佛经。唐僧不是第一个留学生也是第二个留学生。"1953年，在全国政协第一届第四次会议上，毛泽东说："我们这个民族，从来就是接受外国的优良文化的。我们的唐三藏法师，去西方印度取经，他的万里长征比后代困难得多。"1964年，在春节教育工作座谈会上，毛泽东说："佛经那么多，谁能读得完？唐玄奘翻译的解释《金刚经》的《般若波罗密多心经》，不到一千字，比较好读；鸠摩罗什翻译的《金刚经》那么长，就很难读完了。"在这些文字里，毛泽东对于玄奘法师的推崇和赞

《西游记》版画

赏,都是显而易见的。

关于历史人物玄奘,在由玄奘的学生慧立、彦悰撰写的《大慈恩寺三藏法师传》中,有一段专门的文字描写,堪称是一幅精彩的文字画像:

法师形长七尺余,身赤白色,眉目疏朗,端严若神,美丽如画。音词清远,言谈雅亮,听者无厌。或处徒众,或对嘉宾,一坐半朝,身不倾动。服尚乾陀,裁唯细氎,修广适中,行步雍容,直前而视,辄不顾盼。滔滔焉若大江之纪地,灼灼焉类芙蓉之在水。加以戒范端凝,始终如一,爱惜之意过护浮囊,持戒之坚超逾草系。性爱怡简,不好交游,一入道场,非朝命不出。

知师莫若徒,多年的朝夕相处,悉心体察,慧立、彦悰对老师玄奘的了解,应该说是深入而具体的,也因此,他们才能够在这短短的几行文字里,从体态神情、生活习性、舌辩口才,乃至于修行持戒、修养禀性等多个方面,对老师做了如此精准传神的画像。从这段文字里,我们也可以了解到作为历史人物的玄奘的一些基本情况。

小说《西游记》中唐僧的形象,应该说也依然存留了某些"历史"的真实。如仪态相貌,小说第五十四回《法性西来逢女国,心猿定计脱烟花》,写女王眼里的唐僧:"丰姿英伟,相貌轩昂。齿白如银砌,唇红口四方。顶平额阔天仓满,目秀眉清地阁长。两耳有轮真杰士,一身不俗是才郎。好个妙龄聪俊风流子,堪配西梁窈窕娘。"再如"一坐半朝,身不倾动"的习静坐功,小说第四十六回《外道弄强欺正法,心猿显圣灭诸邪》,写到妖精要与孙悟空比坐禅,孙悟空大为犯愁,唐僧说:"我会坐禅。"孙悟空问:"能坐得多少时?"唐僧说:"我幼年遇方上禅僧讲道,那性命根本上，定性存神，在死生关里，也坐得二三个年头。”

单枪匹马、只身一人，跨越万水千山，行程五万余里，玄奘的西行取经，创造了一个令人难以相信的奇迹。这奇迹本身，为其故事的被神话提供了广阔的想像空间。然而，由历史事实转变为完整的神话故事，却是经过了一个十分漫长的过程。由慧立、彦悰撰写的《大慈恩寺三藏法师传》，虽然不无夸饰，但在主体上，仍然是历史的陈述。在这一故事进入了民间传说的流程之后，神话化也就同时开始了。晚唐李亢的志怪小说《独异志》里，有一篇《玄奘》，写到玄奘在罽宾国遇异僧传授《心经》，将往西域之际，玄奘在灵岩寺抚摩着松树的枝条说：“吾西去求佛教，汝可西长；若吾归，即却东回，使吾弟子知之。”及去，枝条年年西指，一年忽东回，门人弟子说：“教主归矣！”西迎之，玄奘果还。这个故事，显然就来源于民间的渠道，有着浓郁的民间传说的色彩。

可以说，南宋临安书铺刊刻的《大唐三藏取经诗话》，是玄奘取经故事在民间被神话过程中的一个阶段性的总结。《诗话》里已经有了后来“西游记故事”里孙悟空的原型白衣秀才：“我是花果山紫云洞八万四千铜头铁额猕猴王。我今来助和尚取经。”还有沙僧的原型深沙、白龙马的原型九条馗头鼍龙。此外狮子林、白虎精、女人国等，分别为“西游记故事”中狮陀岭、白骨精、女人国等故事所本。

今其书已经散佚、仅存故事梗概的由元人编写的《西游记平话》，已经具备了今天我们所能见到的章回小说《西游记》的雏形。在《西游记平话》里，所写到的取经缘起、孙悟空大闹天宫、车迟国斗怪，以及西行途中，“初到师陀国界，遇猛虎毒蛇之害，次遇黑熊精、黄风怪、地涌夫人、蜘蛛精、狮子怪、多目怪、红孩儿怪，几死仅免。又过棘钩洞、火炎山、薄屎洞、女人国及诸恶山险水，怪害患苦，不知其几”（朝鲜《朴通事谚解》),在情节上,已经与章回小说《西游记》十分接近。至于保存在《永乐大典》里的平话残文《魏征梦斩泾河龙》,简直就像是章回小说《西游记》里相应的《袁守诚妙算无私曲,老龙王拙计犯天条》一回的缩写作文。由此断定,玄奘取经故事的神话化,应当是在元朝就已经大体完成。

由玄奘取经到章回小说《西游记》,“历史”似乎仅仅成了文学创作的由头。但我们仍然要感谢“西游记故事”,正是它,使得无数的读者知道了“唐僧”。我们可以对作为文学形象的唐僧的种种所为而痛心疾首,但这丝毫不影响作为历史人物的玄奘,他的事迹,千百年来,不仅感动着中国,感动着印度,也感动着整个人类——成为一个典型的“感动世界”的人。

在中国历史上,有以郡望、官名、为官之地等等来指称名人的做法,如诗人谢朓曾官宣城太守,人称谢宣城;诗人韩愈郡望昌黎,人称韩昌黎;诗人杜甫曾官检校工部员外郎,人称杜工部等等。这种做法已经够给人以某种夸张的感觉了,然而,所有这些,与玄奘法师的被称为“唐僧”、以一个时代的“类称”归之个人相比,就显得小巫见大巫,有天壤之别了。以“唐僧”作为玄奘的称号,当然不是玄奘的自封,也不是个别佛教徒的“抬举”,而是历史形成的一个评价,是历史老人量体裁衣,根据玄奘法师对中国历史的伟大贡献,为他所特制的一顶极其合适的桂冠。

话再说回来,为毛泽东所肯定赞许的唐僧,也正是作为历史人物的唐僧——玄奘,而不是被他称作“愚氓”的小说《西游记》里的文学形象。大众读物《西游记》在中国社会风靡了几百年,作为文学形象的唐僧是如此的深入人心,妇孺皆知;但对于一般的读者,作为历史人物的玄奘究竟是怎样的一个人物,他对于中国历史究竟做出了哪些贡献以及他与文学影视里的唐僧到底有什么异同,就未必了了了。所以,在继续塑造为大众所欣赏的作为文学艺术形象的唐僧的同时,为他们原原本本地介绍作为历史存在的真实的“唐僧”——玄奘法师,让人们进一步了解“唐僧”在历史上的真实的面目,也就成为一个十分迫切而重要的话题了。

华阀裔孙

唐僧的出身，在章回小说《西游记》里，《陈光蕊赴任逢灾，江流僧复仇报本》一回，有专门的文字描写，但这一回故事却不见于现存百回本《西游记》的最初刻本——金陵世德堂本里。而没有了这故事“西天取经”所谓的九九八十一难，就缺少了金蝉遭贬、出胎几杀、满月抛江、寻亲报冤这所谓开头的“四难”，这显然是章回《西游记》创作者在创作中，或者是书商在刊刻的过程中，出现的一个不大不小的疏忽。于是，建国后整理出版的《西游记》，如最通行的人民文学出版社排印本，便根据其他的刻本，以附录的形式，将此回插增于书中，弥补了这个残缺。

根据此回书中交代，唐太宗登基，开科取士，海州陈萼（字光蕊）辞别了母亲张氏，赶往京城长安应考，结果得中状元。新科进士们按照成例，风光无限地跨马游街。丞相殷开山家的小姐温娇要在新科进士里挑一个娇婿，便按照当时的风俗，结彩楼抛绣球来卜婿。温娇小姐见那陈光蕊一表人才，仪表堂堂，觑得真切，绣球抛下，不偏不斜，正打在路过的陈光蕊头上。于是，陈光蕊招赘进丞相府，与殷小姐合卺成婚，结为连理，成其夫妇。

选官的日子很快到了，因江州州主之位尚在空缺，陈光蕊被任命为江州知州。任命之后，他作别岳父岳母，携妻往江州上任。来到洪江渡口，有艄公刘洪、李彪撑船到岸迎接。刘洪贪恋殷小姐美色，串通李彪，将船行到荒无人烟的去处，杀了陈光蕊，抛尸江中。殷小姐时已身怀有孕，为给光蕊留下一点血脉，她委曲求全，勉强跟随了刘洪。刘洪冒名顶替，代了陈光蕊，到江州上任。

光阴迅速，殷小姐很快到了产期。在刘洪公事出远门期间，殷氏产下了一个男婴。再说这日天晚，刘洪回来，看见此儿，便定要将他除掉。在殷小姐百般恳求下，刘洪答应，留到明日天亮，再将婴儿抛入江中。

次日，赶巧刘洪又有他事外出，殷小姐趁机咬破手指，用血写下一纸文字，将孩子的父母姓名、跟脚原由，备细开载；又将孩子左脚一个小指咬下，以为日后验证；然后取了贴身汗衫，包裹了此儿，来到江边。此时江上正好漂来一块木板，殷小姐朝天祈祷，将孩子放到板上，用绳带缚住，并将血书系在他的胸前，然后将其推入水中，任其漂流，听天由命。

此儿命不该死，在木板上，顺着水流，竟一直漂到了金山寺脚下。寺中长老法明和尚正在坐禅，仿佛听得江中有婴儿啼声，来到江边，果然见涯边水上一片木板，上边正酣睡着一个婴儿。长老慌忙将他救起，看到他怀中血书，知道了他的来历，便给孩子取了乳名江流，然后托人抚养，并将血书紧紧收藏。

日月如梭，转眼间江流儿长到了一十八岁。长老叫他削发修行，为他取法名叫玄奘。一个偶然的机会,在玄奘的恳求下,法明长老告知了他的身世,并取出血书与汗衫交给了他。玄奘按照师傅的吩咐,扮作化缘的和尚,到了江州,见到了母亲。殷氏给玄奘一只香环,让他去寻找婆婆;又写了封书信,让玄奘去找外公殷丞相,请他带兵马前来,捉杀贼人,为生父报仇。

朝廷的军队开到了江州,刘洪被捕正法;陈光蕊得龙王救护未死,一家三代再得团圆。玄奘为报法明长老之恩,就在这金山寺出家了。

与作为文学形象的唐僧出身的离奇怪诞相比,作为历史人物的玄奘的出身,就显得平淡朴实了许多。

玄奘俗姓陈,本名祎,祖籍颍川(今河南省许昌市)。关于他的生年,大致有这么三种说法:隋文帝开皇十六年(公元596年);隋文帝开皇二十年(公元600年);隋文帝仁寿二年(公元602年)。一般人都主张开皇二十年说,姑且从众,取此说。玄奘出生在洛州缑氏县游仙乡控鹤里凤凰谷陈村,也就是今天的河南省偃师市(县级市)缑氏镇陈河村。

偃师地处中原腹地。河南省省会郑州市西去九十公里,古都洛阳东南行三十余公里,便来到了偃师。这里,有陇海铁路和连霍、太澳高速公路穿境而过,310和207国道在此交汇。与偃师毗邻的洛阳白马寺,曾经是中国佛教史上的重镇;洛阳龙门石窟,则堪称北魏王朝时期佛教艺术的伟大杰作。向东,稍远有嵩山少林寺,人称禅宗祖庭,在这里,印度高僧菩提达摩曾经面壁九年,创建了禅修的门径。

偃师的得名,史籍上有具体记载,说是公元前1046年,周武王东征伐纣,到此而"息偃戎师",故有其名。这里也是国内建都王朝最多的县城,在漫长的历史长河里,曾先后有夏、商、周、东汉、曹魏、西晋、北魏等七个王朝在这里建都。就在今天的偃师境内,有被史学家命名为"二里头文化”的夏都斟鄩遗址,发掘出了中国最早的宫殿基址群、礼器群、铸铜作坊、绿松石器作坊遗迹以及中国最早的宫城(即紫禁城),所以也是目前可以确认的中国最早的王朝都城遗址,史学界因此称其为“华夏第一王都”。这里还有夏商周断代工程所确定的夏、商断代界标——商城遗址,因此又被称为华夏文明的重要发源地之一。

偃师不仅是玄奘法师的故乡,北宋名相吕蒙正也出生于此。历史名流张衡、蔡伦、班固、王充等,都曾在这里留下了他们的足迹。而闻名全国的东汉太学遗址、灵台遗址,商汤王冢,伯夷、叔齐墓,吕不韦墓,齐田横墓,王铎墓,颜真卿墓,唐太子李弘冢,杜甫墓等,随处可见的文物古迹,在在都昭示着该地雄厚的文化历史底蕴。

玄奘的祖上,据说远可以推到东汉末年的太丘长陈寔。其有确切文字记载的近世先人有:高祖陈湛,在北魏做过清河太守;曾祖陈钦,做过北魏的上党太守、征东将军,封爵南阳郡开国公;祖父陈康,学优而仕,做过北齐的国子博士、国子司业、礼部侍郎,食邑河南——大约也就是

玄奘故里照

在他这一代,陈家才来到了偃师。

玄奘的父亲陈慧,身长八尺,人物清秀,少年即通经术,喜欢褒衣博带,大约很有些魏晋六朝名士的做派,是一位淡泊于名利、讲究操守的儒者。因为隋朝末期的政治衰败混乱,陈慧便潜心三坟五典,一心读自己的书,做自己的学问。州郡曾举荐他为孝廉,朝廷也曾授他为陈留、江陵县令,但都做了不多久,他便挂冠辞去。"归去来兮,田园将芜胡不归!"恰如当年陶渊明的归去来兮辞,陈慧毅然决然地回到了故乡,回到了田园,过上了他耕读课子的隐居生活。

玄奘的母亲宋氏,是曾经官洛州长史的宋钦的女儿,她先后生下了玄奘姊妹兄弟五个:玄奘和他的三个哥哥、一个姐姐。玄奘的大哥及三哥失名。二哥名素,少年便出家在洛阳净土寺为僧,法名长捷,颇得乃父的遗传,不仅长得风神俊朗,仪表齐整,而且博雅多学,既精于释典,又熟稔于儒家的《尚书》、《左传》及道家的《老子》、《庄子》。玄奘的姐姐长大后嫁给了瀛州张氏。

玄奘自幼就聪颖不群,异常懂事。有记载说,在他八岁的时候,父亲陈慧为他讲说《孝经》,讲到了《开宗明义章第一》,其中有这样一段文字:

仲尼居,曾子侍。子曰:"先王有至德要道,以顺天下,民用和睦,上下无怨。汝知之乎?"曾子避席曰:"参不敏,何足以知之?"子曰:"夫孝,德之本也,教之所由生也。复坐,吾语汝。身体发肤,受之父母,不敢毁伤,孝之始也。立身行道,扬名于后世,以显父母,孝之终也。夫孝,始于事亲,中于事君,终于立身。"

玄奘故里

父亲读着这段文字，话音未落，玄奘竟突然站了起来，整理着衣装，一副毕恭毕敬的样子。陈慧疑惑不解地问儿子："怎么了？有事吗？"小玄奘恭敬地回答："曾子见老师问话，尚且要恭敬地站起身子，不敢坐着；现在儿在听父亲的教诲，又怎能和父亲一起坐着！""孺子可教也！"由小看大，陈慧为儿子的早慧、超人的领悟能力以及见贤思齐的向善之心，感到由衷的高兴与欣慰，"小儿有如此的禀赋，将来何愁没有一番作为！"

望子成龙，是天下所有做父母的共同的心愿，有儿如此，陈慧心中也油然生出了一种满足与自豪感。从此以后，陈慧对幺子玄奘，就给予了更多的关注，自觉地投以更多的心血，希望倾囊相授，不仅教他更多的学问，也时时向他讲说关于历代圣贤的人生及为人的故事。在丰富博大的古代典籍中遨游，学养薰染之间，玄奘爱古尚贤，读了不少的经典，非雅正的书籍不看，非圣哲的风范不学，不与别的孩童嬉戏打闹，不到市廛热闹的去处玩耍，纵然闹市上来了百戏演出，歌舞杂耍，钟鼓齐鸣，人声鼎沸，异常热闹，也不能将他从书海中拽出，他读书读得如此专心致志,心无旁骛。

正是在父亲的耳提面命和严格地督促教导下,玄奘自童年时期,便比较系统地接受了儒家思想的教育,孝亲敬长、立身扬名、忠君报国,这些来自于中国儒家传统的思想观念,在玄奘的成长过程中都烙下了极鲜明的印记,也对于日后身为僧人的玄奘在人生处世及发展方向上的选择,产生了非常重要的影响。

净土寺出家

《孟子·告子下》有这样一段名言："天将降大任于斯人也，必先苦其心志，劳其筋骨，饿其体肤，空乏其身，行拂乱其所为，所以动心忍性，曾益其所不能。"——或许正是"上苍"意欲成就玄奘伟大卓越的一生，要给他非常的磨练，来坚韧他的意志，增添他的能力，童年的玄奘经受了非同寻常的磨难。大约就在他五岁的时候，母亲宋氏一病不起，永远离开了人间；刚刚十岁，一心要将他培养成人的父亲陈慧，也带着满肚子的不放心，撒手人寰。这原本应该是享受父母关爱，在父母羽翼呵护之下，无忧无虑、天真烂漫的年龄啊，玄奘却过早地经历了这人生至大的苦痛——生离死别。

《西游记》里的唐僧出家，好像是命运的安排，并非缘于他自主的选择；历史人物玄奘的最终皈依佛门，倒也与文学作品中的唐僧相仿佛，有着几多的无奈。

隋炀帝大业五年(公元609年),玄奘的二哥长捷法师,从洛阳净土寺风霜满面地赶回了老家,来为父亲奔丧。没有了父母,如何解决年幼小弟的吃饭、教育等问题,都成了摆在眼前的最现实的问题。哥哥姐姐们商量后,觉得让玄奘跟着二哥长捷最为合适:其一,长捷的学问不错,自然可以承担起教育弟弟的任务;其二,在寺院里,吃饭问题不难解决,还可以业余听经,学些文字。于是,一切终于迎刃而解,最后就这样决定了下来:让长捷带走玄奘,让玄奘到寺中去做少年行者。玄奘懵懵懂懂地出家了。

净土寺位于郾师毗邻的伊川县水牛沟村。寺院目今犹存。现在的寺院,是一处坐北朝南的院落,古朴陈旧。从朱红色的大门进去,穿过掩映在苍松翠柏中的路径,便是五间砖木结构的大殿。斑驳的石质廊柱,跃上殿脊的龙凤牡丹,还有那雕梁画栋,飞檐翘角,残砖断瓦,仿佛都在向人们诉说着它所经历过的历史沧桑。大殿门前,还立着两通石碑:一为刻于明朝嘉靖十一年(1532年)的《净土禅寺记》,另一为刻于明嘉靖二十一年(1542年)的《伊阳净土梵宇佛像记并颂碑》,这是它悠久历史的最确凿的见证。大殿的内墙上,残存着依稀可辨的壁画,梁檩上蟠附着烫金龙凤等。大殿屋檐下,是隋代的阴阳太极鱼图案板砖。净土寺的衰败,自然已非一日,清人张文德的《春日游净土清凉金山诸寺》诗中云:"晚来汲露煮茗芽,古寺无人犬护家。座上真文余贝叶,阶前云气绕昙花。蒲团半纳随藜杖,舍利多珠隐木瓜。为问老僧何处去,白云深锁众峰斜。"从诗中描写的情景,就已约略能够见出些凄寂荒凉的意象了。

转眼间,玄奘来到净土寺已近三年。在他十三岁这年,朝廷下诏,要在洛阳剃度二十七名僧人。在当时朝野上下都隆重佛教的时代,能够剃度为僧,无疑就等于端上了一只金饭碗,从此可不必再为衣食住行而烦恼，所以，出家自然也就成为当时社会上一个竞争十分激烈的热门“职业”，报考人数之众多，可以想见。名额只有二十七个，而考试成绩优异的，就有上百号人。玄奘因为年幼，不符合参试的条件，也是没法子的事情。

或许是于心不甘，或许是出自好奇，面试的这天，玄奘也来到了考场的门外。主持这次选拔的，是大理寺卿郑善果。郑善果在当时要算是一位名声藉藉的人物。根据史书上说，郑某人在隋炀帝时代，以居官检约、莅政严明而著称，朝廷考察官员的时候，他和甘肃武威太守曾经并列被评为天下第一。遇到这样一位人物，玄奘可谓十分幸运。

郑善果在考场的大门外发现了玄奘。俗语说：“人不可貌相”，但在汉魏六朝时期，人们——尤其是文化人——却偏偏格外地相信人物的仪表长相。而关于人物的品鉴，在当时甚至成为一门整个社会都痴迷其中的学问。隋承六朝而来，此风未衰，这郑善果，就一向很以他的品鉴人物而自负。他先是被玄奘那清秀慈善的仪容吸引，便走上前去，来到了玄奘的身边，和蔼地问道：“你是谁家的孩子？在这里干什么？难道也是希望参加剃度僧人的考试吗？”玄奘朗朗回答，条理井然：“我姓陈，随二哥在净土寺为行者。是想参加考试，但年龄所限，还不具备参试的资格。”郑善果又问：“你为什么要出家，有些什么样的抱负，说来听听。”玄奘回答：“远则继承如来遗志，近则弘扬光大佛法。”也就是说，我大的志向，是要继承释迦牟尼开创的事业；眼前能做的，是要光大佛祖所创立的佛法——小小年龄，竟有如此宏大端正的志向，郑善果不禁暗暗称奇，心里喜欢。他决定将玄奘破格录取。讨论录取名单的时侯，郑善果毫不犹豫地填上了玄奘的名字。他向同僚讲述了这样的理由：“记诵佛经，念经唱佛，这都是区区小事，容易学成；气质精神，仪表相貌，却是先天

河南洛阳白马寺

生就。如此子这等风骨，在下还少看到，实是难得。度他为僧，将来必成佛门之伟器。只是我等年长，怕不能看到他大器成就、口吐莲花的那一天了。”

“千里马常有，伯乐不常有”，这话说得人多了，似乎也就成了套话。而事实上，也正因为郑善果的慧眼独具、善能识人，玄奘才终于从众多的应考者中间脱颖而出，幸运地成为二十七名剃度僧人中的一员，取法名为玄奘，正式步入了佛门；而中国佛学史，也正因为有了玄奘，才在不久的将来，在大唐时期，翻开崭新的一页，走向它辉煌的顶巅。

既被正式剃度，玄奘也拥有了哥哥所能享有的一切。他可以从此和哥哥随行随止，而不会再如往常那样，因为不是正式的佛门弟子，往往在寺院里举办各种活动时，为资格限制而被拒之门外。

当时在净土寺，有著名的景法师正在开讲《涅槃经》，玄奘听得着迷，打心眼里敬服，他跟从学习，竟然到了废寝忘食的程度。接着又听严法师讲《摄大乘论》，他也听得头头是道，饶有兴趣。不断地聆听高僧演讲，几年下来，在不知不觉中，玄奘对佛教理论的浓厚兴趣已然养成。超人的记忆力，加上学习起来专心致志，勤奋异常，有股不要命的劲头，所以凡听过的讲座，一遍下来，玄奘几乎可以做到复述，回头再温习一下原典,更已经是了然于胸,铭记不忘了。同寺的僧众起初一直以为玄奘年幼,并没有太怎么将他放在眼里,很快地,他们都被眼前实实在在的事实征服了:少年玄奘竟有这样的本事!玄奘的故事也在寺院里很快流传开来,不曾领教过的当然不肯相信,于是在听过法师的演讲后,就有好事者站出,让玄奘登台,进行复述。玄奘逐字逐句讲来,竟真的与法师所讲出入无几。大家遂都感慨道:俗语所说,自古英雄出少年,一点不假!对于玄奘,僧人们都刮目相看了。时间不长,一传十,十传百,整个洛阳僧众圈内就尽人皆知,净土寺里有这么一个神童。

隋炀帝以迷信佛教著称,又是一个彻头彻尾的俗人。他做了皇帝以后,荒淫糜烂、昏庸残暴、好大喜功,置天下苍生死活于不顾。他在位十多年间,修宫殿,开运河,筑长城,西征吐谷浑,东伐高句丽,频繁地征调兵役,兴师动众,兵役员额动辄上百万之数,劳民伤财,天下百姓没有安宁的日子。不在沉寂中灭亡,便在沉寂中爆发。百姓终于举起了反抗的大旗。星星之火,很快也成燎原之势,迅疾燃遍了神州大地。公元611年1月,广东琼山王万昌起兵反隋。同年,山东百姓为反抗兵役,齐郡邹平、平原郡、漳南、清河郡、蓨县等地相继发生起义。公元612年,济北郡韩进洛起义,济阴郡孟海公起义,北海郡郭方预起义,济北郡甄宝车起义,齐郡孟让、王薄起义,黎阳杨玄感、李密起义,淮南杜伏威起义……公元617年5月,在李世民与刘文静、裴寂的策划下,李渊在太原起义。起义的烽火此伏彼起,天下板荡之势已成,隋王朝已经奄奄一息、时日无多了。

洛阳地处要冲,有着重要的政治军事地位,古来就为兵家必争之地,此时更处在战争的漩涡中心。公元618年,瓦冈寨义军攻下洛阳东北的巩义,直逼东都,洛阳城不堪一击,不久城破。兵燹炮火的摧残后,昔日的都市洛阳,“衣冠殄丧,法众销亡,白骨交衢,烟火断绝”(《大慈恩寺三藏法师传》),金碧辉煌的都城,转眼间已经变得伤痕累累,千疮百孔。

这时,李渊已经称帝长安,建元武德,国号大唐。良禽择木而栖,玄奘与哥哥商量:“洛阳虽然为故土,但丧乱如此,守在这里,岂非等死!听说李渊父子已经占有了长安,圣德贤明,天下英雄尽往归依,我们也应该去那里,或许能有一番作为。”长捷点头赞同。弟兄二人当即起行,前往长安。玄奘从此开始了他的游历问学时期。

游学大江南北

李唐王朝虽然在名义上已经建国，但天下尚处于割据混战之中，保卫胜利果实并进而扩大战果、统一天下，这才是当务之急。正有许多大事要做，偃武修文之日尚早，文教儒释的复兴也远没有放在议事日程上来；而刚刚经历了战争破坏之后的长安，仍然是一片废墟。毁坏了的寺院还没有修复，荒凉凋敝，战争中僧人又纷纷逃离，此际的长安显然也不是弘道传法的适宜之地。

既然在长安也无用武之地，更没有可以问学的地方，玄奘兄弟便决定尽快离去，前往蜀中——在隋末的战乱中，蜀中地区相对太平，许多高僧大德纷纷逃亡，去了那里避难，因此那里香火极盛，应该是一个不错的去处。

玄奘兄弟经子午谷进入汉川，遇到了空、景二法师。这两位法师都是一代名僧，兄弟俩当然不会错过这珍贵的学习机会，于是，他们在这

四川成都宝光寺方塔

里停留了一个多月的时间，朝夕问道，然后，离开汉川，继续向成都进发。

当时的成都，因为局隅的太平，会聚了众多的高僧大德、佛门弟子。那里法筵很盛，讲座常开，俨然就是佛教的一个新的重镇。玄奘听了宝暹法师讲的《摄论》，再从道基法师学《毘昙》，又从道振法师学《迦延》。经历了战乱的纷扰，玄奘更觉得时间的珍贵与学习机会的难得，寸阴寸金，他不敢有丝毫的懈怠与放松。

唐高祖武德三年(公元620年)，玄奘年满二十周岁，在成都接受了具足戒，坐夏学律。经过一段时间的集中学习，玄奘将益部经论彻底学习了一遍。当时的成都，能请教的高僧他都请教了，所有可以阅读的佛典藏书他也都读过了。蜀中四五年光阴，玄奘没有浪费半点，他学习了不少佛教大小乘经论、南北地论学派、摄论学派的学说，究通诸部，对于佛教经典的领悟，也上了一个新的台阶。在成都佛教圈中，玄奘渐渐崭露头角，他以理智宏才折服了他的同行，“吴、蜀、荆、楚，无不知闻，其想望风徽，亦犹古人之钦李、郭矣”(《大慈恩寺三藏法师传》)。

这时，玄奘萌发了离开成都、再赴京城的念头。但已经受了具足戒的玄奘，不能再像先前游方僧时期那样自由了，有关的规定不允许他随意出走。而此时，哥哥在慧空寺颇得蜀地总管酂公和尚书韦云起等显贵的赏识，生活也过得颇安逸，不希望弟弟再萍飘蓬转，四处云游。玄奘私下盘算着，决定不辞而别。

高祖武德六年(公元623年)夏，玄奘私下里与商人结伴，乘舟过三峡，顺江而下，来到了湖北荆州。荆州也该是玄奘神往以久的地方。东晋时期，法显、觉贤曾经在这里译经；南齐刘虬在这里撰写了《善不受报顿悟成佛义》；其后，又有智远、慧嵩在这里宣讲佛法，是三论学派的大本营；隋朝智𫖮也曾在此地的玉泉寺讲过《法华玄义》、《摩诃止观》。荆州留下了许多前代大德高僧的足迹，是中国佛教的又一个赫赫有名的重镇。

在荆州，玄奘挂锡在天皇寺。这时的玄奘已经有了些名气，来请他讲经或向他问学的，不乏其人。从夏日到了这里，到冬季离去，其间他到处演讲，单是《摄论》与《毘昙》这两部经典，就分别各讲了三遍。

汉阳王李瓌听说玄奘来到了荆州，亲自登门拜谒，礼遇隆重。在玄奘发题论辩的日子，他又亲率群僚道俗，齐来捧场助威。这天，到场的僧众提出了各种刁钻古怪的疑难问题，玄奘法师一一应辩，逐个答疑，最终是人人叹服。汉阳王看得高兴，听得敬服，施舍了大量的珍宝，玄奘一无所取，悉数捐献给了天皇寺。

智𫖮法师像

冬末，玄奘离开荆州东进，分别去了扬州、吴会。在吴会，玄奘曾经与高僧智琰见面。智琰为隋唐时期一代名僧，住持苏州东寺。在苏州，有著名的“生公说法，顽石点头”遗迹，既然留下有同道前辈的踪迹，应该是玄奘必去参礼的地方。竺道生，鸠摩罗什四大高弟之一，《高僧传》载：

生既潜思日久，彻悟言外，乃喟然叹曰：“夫象以尽意，得意而忘象；言以诠理，入理则言息。自经典东流，译人重阻，多守滞文。若忘筌取鱼，始可与言道矣。”于是校阅真俗，研思因果，乃立善不受报、顿悟成佛说。又著《二谛论》、《佛性常有论》、《法身无色论》、《佛无净土论》、《应有缘论》等，笼罩旧说，妙有渊旨。而守文之徒，多生嫌嫉，与夺之声，纷然竞起。

玄奘未必同意竺道生的观点，但对于这么一个富有思想见地的前辈，对他的善于思考、敢创新见的精神，自然会心生敬佩，多受启发。玄奘从这里，似乎又悟到了一些新的东西。

之后玄奘继续北上，寻访另外的高僧大德。他来到相州(今河南安阳)，拜见了慧休法师，向他学习了《杂心论》，请教了相关的问题，释疑解惑。接着到了赵州(今河北赵县)，谒见道深法师，从他学《成实论》，用了近十个月的时间。

高祖武德八年(公元625年)秋，辗转飘零了几年之后，玄奘又一次来到了京师长安。他挂锡大觉寺，先从道岳法师学习了《俱舍论》。这时的长安有两位大德，分别是法常法师与僧辩法师。他们对大小乘佛典有很高的造诣，对戒、定、慧三学也有极深的实践，是当时京城赫赫有名的佛学宗师，在僧俗中众望所归，声名远扬，投其门下的问学者如云相从。

两位大师虽然众经皆通，却专讲《摄大乘论》。好学的玄奘也随着他们学习，不仅跟他们学了《摄大乘论》，更进一步向他们请益了其他不讲的经论部分。一段时间的苦学后，玄奘尽将两位大师的学问精要学为己有。两位大师怀着一颗爱才之心，对玄奘赞叹不已，褒奖备至。向来不轻许别人的大师，亲口对玄奘说道："你真是我们佛门中的千里马。我们都已经不能教你了。靠你的悟性，日后必能成就大器。"有大师奖誉如此，玄奘也一夜之间便誉满京华。

求法缘起

唐僧赴西天取经，自然有它的缘起。宋人讲经话本《大唐三藏取经诗话》里，三藏法师说道：“贫僧奉敕，为东土众生未有佛教，是取经也。”这里讲的已经是奉旨取经。在章回小说《西游记》里，对此有了更具体的交代。第八回《我佛造经传极乐，观音奉旨上长安》中写道，佛祖释迦牟尼在灵山大雷音宝刹，举办盂兰盆会，聚集了诸佛、阿罗、揭谛、菩萨、金刚、比丘僧、尼。释迦牟尼讲演大法：

如来讲罢，对众言曰：“我观四大部洲，众生善恶，各方不一：东胜神洲者，敬天礼地，心爽气平；北巨芦洲者，虽好杀生，只因糊口，性拙情疏，无多作践；我西牛贺洲者，不贪不杀，养气潜灵，虽无上真，人人固寿；但那南赡部洲者，贪淫乐祸，多杀多争，正所谓口舌凶场，是非恶海。我今有三藏真经，可以劝人为善。”诸菩萨闻言，合掌皈依，向佛前问曰：

“如来有哪三藏真经？”如来曰：“我有《法》一藏，谈天；《论》一藏，说地；《经》一藏，度鬼。三藏共计三十五部，该一万五千一百四十四卷，乃是修真之经，正善之门。我待要送上东土，叵耐那方众生愚蠢，毁谤真言，不识我法门之旨要，怠慢了瑜迦之正宗。怎么得一个有法力的，去东土寻一个善信，教他苦历千山，询经万水，到我处求取真经，永传东土，劝化众生，却乃是个山大的福缘，海深的善庆！谁肯去走一遭来？”当有观音菩萨，行近莲台，礼佛三匝道：“弟子不才，愿上东土寻一个取经人来也。”

叙说佛界已了，在接下来的第九回、第十回、第十一回、第十二回共四回文字中，小说接着再来讲述东土以及观世音寻找善信的故事。

话说泾河龙王在行雨中更改了时辰，克扣了点数，违背了玉帝的旨意，干犯了上天的天条，要被执行处决。神算袁守成向他透漏：问斩的时间在明日午时三刻，行刑官是人曹官魏征。并指给他一条活路：想要活命，可以去找唐朝太宗皇帝求救。性命大事，老龙王自然不敢怠慢，火急火燎地来到人间，托梦给太宗，向太宗哀求。太宗也爽快地答应，要为他帮忙。

到了次日，唐太宗便宣魏征入朝，陪自己下棋。午时三刻，一盘棋尚未下了，魏征

《西游记》版画

《西游记》版画

却已伏在案上，鼾然入睡。过不多时醒来，继续与太宗对弈。就在这时，朝门外但听得大呼小叫，有大将秦叔宝、徐茂功提着一颗血淋淋的龙头走了进来。原来是魏征刚才片刻的小憩之间，元神出壳，已经往天上去执行过了任务。太宗却因此无意中失信了龙王，被龙王告到了阴曹。

太宗的魂魄被拘到了阴曹，龙王要和他对执。魏征昔日的朋友崔珏在阴曹做了判官，靠他打点，太宗也颇得到照顾。崔珏还冒险为太宗私下里增改了阳寿，又借给他大量的冥币，替他散发给了阴曹中的饿鬼，这样，太宗才得以顺利地还阳。临别，崔珏告戒太宗，还阳之后，要在人间做一个水陆大会，来超度这些阴间的孤魂游鬼，如此方能够享有太平安宁。

还阳以后，太宗皇帝自然不敢爽约，便与群臣商议，要邀请诸佛，选举一名大德行者来做坛主，设建道场，做水陆大会。最后选中的是玄奘法师。太宗召见，封玄奘法师为左僧纲、右僧纲、天下大禅都僧纲之职，择定吉日良时，开启做七七四十九日水陆大会。

再说观世音菩萨，在奉了如来佛法旨后，带了三件宝贝：锦襕袈裟、九环锡杖、金紧禁三个箍儿，来到了长安，要寻找取经人。刚到长安，听说有这么一个大会，也是机缘凑巧，正中下怀，便决定前去观望。等见到了坛主玄奘法师，原来正是他曾经引送投胎的长老，原为西天极乐世界降下的佛子，观世音心中十分欢喜。于是，观世音变化成了癞和尚，与弟子木叉在长安街头闲走，兜售他的锦襕袈裟、九环锡杖。大臣萧瑀见到，将他们引进宫中。观世音将宝贝赠给了唐太宗。

到了大会举行的日子，观世音前往听玄奘说法。听了一阵，观音走上前去，高声喊道："那和尚，你只会谈'小乘教法'，可会谈'大乘'吗？"玄奘说："眼下的僧人，都讲的是'小乘教法'，却不知道'大乘教法'是什么。"观音道："你这小乘教法，度不得亡者超生，只可浑俗和光而已。我有大乘佛法三藏，能超亡者升天，能度难人脱苦，能修无量寿身，能作无来无去。"

司香巡堂官见有人搅了法会，这还了得，连忙报告给了太宗皇帝。太宗令将人从速拿来，原来却是送袈裟的和尚。对着太宗，观世音又讲到大乘的妙处。太宗听得高兴，请观世音演说一番，便问何处可得此经。观世音飞身上了高台，脚踏祥云，现出本相。太宗与群臣百姓方知是观世音菩萨降临，齐声礼赞。太宗也当下传令，暂时收了法会，等派人往西天取来大乘真经，再秉丹诚，重修善果。

玄奘法师主动请缨："贫僧不才，愿效犬马之劳，往西天与陛下求取真经，祈保我王江山永固。"太宗大喜，上前用御手搀扶起了玄奘，说道："法师果能尽此忠贤，不怕途程遥远，跋涉山川，朕情愿与你拜为兄弟。"说着，太宗也真的来到了佛前，与玄奘拜了四拜，口称"御弟圣僧"。

然后是择日发牒出行。在玄奘出发的那天，太宗率了文武百官亲为送行。饯行宴上，太宗献给玄奘素酒一杯，又亲手捏一撮尘土，弹入酒中，谆谆叮咛："日久年深，山遥路远，御弟可进此酒：宁恋本乡一捻土，莫爱他乡万两金。"并祝福玄奘，早日顺利归来。

以上就是小说中写到的取经缘起。就小说所写来看，原因有二：一是如来佛要传大乘真经给东土，二是东土大唐做水陆大会超度亡灵需要真经，而玄奘的西行，充其量也只是为帝王分忧，充当了一个传经、取经这中间环节上的使者而已。这当然是玄奘故事进入了民间传说以后，被不断改造重塑的结果。

让我们还是走进历史，来看一下作为历史人物的玄奘，他的西行印度取经，究竟是出于什么样的原因。

佛教自东汉以来便传入中国。最初传来的，只是小乘佛教一切有部和禅定，接着也传来了大乘中观的理论，但并没有马上引起人们的注意。直到南北朝时期，大乘理论才渐次流行开来。南北朝时期，国土分裂，社会板荡，探讨人生话题的佛教适应人们的需要，得到了迅猛的发展，不仅分出南北两派，还逐渐形成了以研究某一部经典为中心的名目繁多的佛学宗派，如涅槃、成实、三论、毘昙、地论、摄论、楞伽等等即是。不同的学派，围绕佛性（能否成佛）等有关佛教的根本命题，产生了千奇百怪的观点解释，差别大的，甚至于尖锐对立、水火不容。正如后来玄奘在上高昌王启中所说的：

遗教东流，六百余祀，腾、会振辉于吴、洛，谶、什钟美于秦、凉，不坠玄风，咸匡胜业。但远人来译，音训不同，去圣时遥，义类差舛，遂使双林一味之旨，分成当、现二常；大乘不二之宗，析为南北两道。纷纭争论，凡数百年。率土怀疑，莫有匠决。

所谓的当、现二常，是指《地论》流播，分出南北二道。“相州北道计阿黎耶以为依持，相州南道计于真如以为依持。此二论师俱禀天亲，而所计各异，同于水火，加复《摄大乘》兴，亦计黎耶，以助北道”（《法华玄义释签》卷十八）。北道主张染净缘起依于黎耶染识，就未来的果性言，佛性需要修行才有，所以谓之当常；南道主张染净缘起依于真如或黎耶净识，就现在的因性而言，佛性本在，修行只是要开显它而已，所以谓之现常。两派势同冰炭，水火不容。

中国佛教，最初是经由中亚细亚和新疆间接传来，而当时的译经僧也多从中亚而来，是典型的外来和尚，这样，最早的佛经翻译，便不是来源于梵文或巴利文的原典，而大多是当时的西域语言文本。这些外来的和尚译经，因不通汉语，便需要找中土的和尚合作，由他们口授，中国僧人笔录。中国僧人听得稀里糊涂，一知半解，而这种半猜哑谜式的记录，

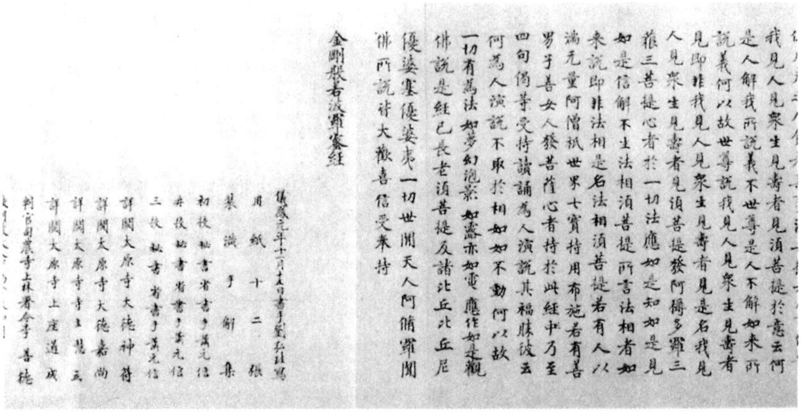

甘肃敦煌藏经洞唐代写本

其最终的汉文经本的质量,便不言而喻了。

再说玄奘,在周游了全国各地、遍从名师问学,尽读了国内现有的各种佛教经籍之后,他感觉不仅没有彻悟佛理,在许多问题上,心中的疑惑反而越发增长。他不明白,就像《大般涅槃经》和《摄大乘论》,为什么会一个讲还灭门,论证成佛的必然性;一个讲流转门,论证惑业果报的关联性。而在它们之间,也有真心论与妄心论的显著差异。还有,如部派经论,或持三世有,或持现在有,论见殊异,也与大乘法义难以吻合。他困惑着, 为什么由在娑罗双树下灭度的佛祖释迦牟尼所创建的佛教理论,要在后世分成当常、现常两派;而在传来中国以后,不同的宗派之间,更会有如此观点悬殊的理解。甚至于经典,因为不同的版本,也各有各的译法,此隐彼显,此显彼隐,残缺不全,断章取义,所在多有,令人难辨真赝,无所适从。

季羡林先生在《玄奘与〈大唐西域记〉》里曾谈到玄奘法师西行求法的动机。他说:"玄奘想解决佛性问题,为什么找到瑜伽宗,也就是有宗呢?为什么不找龙树、帝婆的空宗呢?从佛教发展的历史来看,小乘佛教声言必须经过累世修行,积累功德,然后才能成佛,这就需要个人的艰苦努力。结果有些人望而却步。天国入门券卖得这样贵,不利于麻痹人民,在封建初期小国林立时还能勉强对付,但到了封建大帝国建成,它就失掉了服务的资格,必须及时改变。大乘空宗应运而生,它不要求累世修行,只须皈依三宝、礼拜如来,就能达到目的。这是对一般老百姓的说法,对义学高僧则讲一套'空'的道理。玄奘所服膺的是大乘有宗,与空宗表面上稍有不同。所谓'有',并不是承认物质世界的存在,并不是不讲空,否则就有承认物质世界的可能或嫌疑。但是空宗空得太厉害,什么都空了,物质世界固然空掉了,可是连真如、佛性、涅槃,甚至比涅槃更高的东西也都空掉。这不但对麻痹老百姓不利,而且对宗教家本身,好像也断绝了奔头。有宗在承认我法两空的同时,在否认物质世界的同时,小心翼翼地保护着'真如佛性'的'有'。这是有其隐蔽的目的的。就拿成佛的问题来说吧,玄奘和他创立的法相宗,既反对小乘那样把天国的入门券卖得太贵,也反对大乘空宗那样连天国都要空掉。他追随印度瑜伽行者派的学说,坚持五种性的主张,就是说,人们对佛理的接受与实践是各不相同的。他反对道生主张的、有《涅槃经》作根据的一切众生皆有佛性的说法。《瑜伽师地论》、《楞伽经》、《摄论》都是讲种性的,玄奘和法相宗也坚持此点。在窥基的著作中,特别是在《法华经》的注解中,他们的观点当然完全相同。……玄奘虽然在成佛的道路上多少设置下了一些障碍,但是他在印度寻求解决佛性问题的结果却是:在当世即可成佛。"(见《大唐西域记校注》)

唐高祖武德九年(公元626年),京城长安来了位中印度那烂陀寺的僧人波颇。波颇在兴善寺译经传法,轰动了长安,佛教界人士纷纷前往向他请教。波颇向长安僧众介绍了印度佛教的情况,讲到了大乘经典《十七地论》以及自己的老师、瑜伽中观学派的当今领袖戒贤大法藏。波颇的介绍，更激起了玄奘西行印度、求取真经的想法。玄奘一心要取得原本的《瑜迦十七地论》真经，用来破释目前国中佛学界所有的疑窦。

生生不息、前赴后继，从来就是中华民族所禀赋的一种伟大的精神传统。在玄奘之前，他的先辈们就已经开始了西行取经的事业。东晋有高僧法显，曾经从隆安三年（公元399年）起，前后用十四年的时间，周游了当时中亚、印度、斯里兰卡等三十四个国家，在义熙八年（公元412年）返还；后秦的高僧智猛，在弘始六年（公元404年）西行，元嘉元年（公元424年）返还；南北朝时期，有高僧智严，曾经西行到罽宾国求法，命丧域外。玄奘决心也要像他的先辈那样，远行求法，利导众生。

唐太宗贞观元年（公元627年）春，长安庄严寺大德慧因病逝，大臣萧瑀奏请朝廷，建议任命玄奘接替，为庄严寺住持。这是多少僧人一辈子梦寐以求的事情，但玄奘拒绝了。他还有更重要的事情要做，他的西天取经梦还没有实现，他不愿就这样做一个平庸的僧人，浑浑噩噩地了结自己的一生。

玄奘迫切地希望，尽快将自己这一宏伟的理想付诸实施。他将自己的想法告诉了志同道合的僧人，于是他们联名上书，希望得到朝廷的允准，拿到出国护照。此时，唐朝建国还不到十年，在隋末战争的废墟上所建起的新政权，内忧外患都还没有解除。就在李世民逼迫自己的父亲高祖退位，自己刚刚坐上龙椅不久，曾发生了东突厥可汗首领颉利率领十万大军，长驱直入，如入无人之境，一直攻到了距离京城仅四十里的渭河沿岸的事件。结果是太宗皇帝卑躬屈膝，亲自到敌营求和，答应继续臣服，并增加进贡，才换来突厥的暂时撤军。国与国之间的较量，论的是实力，此刻的唐王朝还很贫穷，当然也谈不上强大，所以只能忍辱负重、委曲求全。在这种情势下，对外，便是采取了闭关锁国政策，封锁边境，免得别生事端。在这样一个背景下,玄奘的上书不被批准,正在情理之中。

有诏不许,先前准备与玄奘一齐西行的僧人都知难而退,放弃了西行的想法。玄奘却迎难而上,受挫而志弥坚,出去的想法反而更加坚定了。他正好利用这段时间,进一步来积蓄自己的能量,等待着可能有的机会随时到来。一方面,他要过语言关,所谓“广求诸蕃,遍学书语”,做到能够尽量熟练地掌握梵文;另一方面,几万里的路程,荒无人烟的沙漠,鸟难飞过的雪山,种种艰险,通过阅读有关的文献,他也有了比较多的了解,也做好了一定的心理准备。他知道,自己要做的,是在向生命极限挑战。为了圆这宏伟的梦,为了将自己伟大的人生理想付诸实践,他还需要做更充分的准备。于是,玄奘并没有消极地等待机会降临,而是充分利用这段时间,来进一步锻炼自己的各种应变能力,设置种种的困难,来考验自己的心理,磨练自己的意志。

有一天晚上,玄奘做了这样一个奇怪的梦:他看到了巍然屹立在浩淼大海中的须弥山,金碧辉煌,庄严华丽。他心中神往,便想着要登上这山。面前一片波涛汹涌,浊浪排空,并没有一只渡船。他没有丝毫的畏惧和胆怯,毅然决然地下了水。刹那间,奇迹出现了,有一朵硕大的石莲花在波涛中涌出,就在自己的脚下,随着脚步的挪移又不断生出,走过即灭。不一会儿,就来到了山下。山又是那样的险峻,高不可攀登。他试着跳跃,竟然被一阵狂风卷起,吹着他旋转升腾,不多会儿,就到了山顶。身在峰巅,四望寥廓,已不再有任何的云翳障碍。正欢喜兴奋之间,玄奘从梦中醒来。他沉浸在梦的喜悦中,他感觉,这是一个吉兆,预示着他的西行求法。

杖策孤征

玄奘法师像

唐朝贞观元年(公元627年)秋八月，在关东、河南、陇右沿边一带，一场繁霜突然降下。这霜较往年来得格外早、格外大，造成了严重的霜灾。成熟的庄稼被打得一片狼藉，秋粮已不可能有任何的收成。灾民缺衣少食，天气又日渐转寒，野外所见，到处是冻饿而死的尸体。朝廷显然没有什么更好的应对办法，只能下一道文书，“下敕道俗，随丰四出”，哪里可以讨到饭吃，你们就随便往哪里去吧。

这一年，玄奘法师二十八岁。他觉得西行的机会已经到来。说来凑巧，正有一位在京师学习《涅槃经》的秦州(今甘肃天水)僧人,学业已成,要回故乡,玄奘便与他结伴,裹在成群的流民队伍里,混出了京城,一路向西而去。到了秦州,玄奘仅仅歇了一宿,巧遇要去兰州的人,他又马不停蹄,跟着来到兰州。也是仅住一宿,又遇凉州(今甘肃武威)人护送官马回去,他便与其相随到了凉州。在凉州,应僧俗各方的邀请,玄奘为他们分别讲了《涅槃经》、《摄论》、《般若经》,前后停留了一个多月的时间。

当时的凉州,在河西走廊上要算是一座赫赫有名的重镇。因为襟带西域、葱右各国,自然成为近口岸的大型城市,商旅往来,车水马龙,五方杂处,各色人等摩肩接踵,十分热闹。就在玄奘讲经的时候,在他的听众里,便不乏域外的客人。他们不仅在听经之后广施钱财,回国以后,还在他们的君长面前夸美,有这么一位英俊博学的和尚要到婆罗门国取经,将要从我们这里经过,所以,在玄奘经过西域之前,他的名声早已经先到了那里。

玄奘从长安过来、要出国西去的消息也很快传到了凉州都督李大亮的耳朵中。李大亮是奉了朝廷的指令,严守关隘,不许百姓私自越境的。听到这个情况,李大亮十分紧张,他派人找到了玄奘,软硬兼施,逼着他立刻返回京城。这事被河西走廊上远近驰名的慧威法师知道了,他对玄奘的佛学修养十分钦重,又对玄奘的西行求法非常敬佩。法师称得上当地佛教界的领袖,有的是神通,他暗中派遣了两位得力的弟子慧临、道整,私下里悄悄护送玄奘离开了凉州。

有了这次波折,玄奘也不敢再公然地抛头露面了,他改为昼伏夜行,就这样一路到了瓜州(今安西)。瓜州刺史孤独达是位信佛的人,听说玄奘法师到来,格外高兴,招待得也殷勤丰厚。玄奘打听西去的路途,知情的人向他介绍:此去北行五十余里,有葫芦河(今窟窿河,疏勒河的支流),下游宽,上游窄,水流湍急,深不可渡。河近处有玉门关,是唯一的通道,也是通往西域的咽喉要道。玉门关以外,往西北方向,筑有五座烽火台,都有士兵把守。烽火台间距百里,所经过的地方寸草不生,环境十分恶劣。过了五烽火台,就是莫贺延碛(古称沙河),属于伊吾国(今新疆哈密)管辖。听了这种种情况、诸多的困难,又想着眼前,原有的坐骑累死在了半道,慧威法师的两个弟子也已经离去,独自一人,道路不熟,如何过这五烽,应对前方的困难,玄奘一筹莫展,不觉愁上心来。

一波未平,一波又起。玄奘正在为西去的路途犯愁,还没有来得及出发,凉州方面的访牒文书已经下达到了瓜州。文书上说:“有僧人玄奘,企图私越国境,进入西域,所在州县宜严加提防,守候缉拿。”州里有位小吏,叫李昌,也是位信佛的人,他怀疑自己所见到的僧人正是玄奘,便私下里将访牒拿去,给玄奘看了,问道:“法师是否即此被通缉之人?”玄奘不辨真伪,仓促间没有应答,李昌说:“法师一定要实话实说,这样,弟子才好为您筹划安排。”玄奘于是告诉了他西行印度求法的实情。听了玄奘的话,李昌感慨自己见所未见,不由得深加敬佩,他当即表态:“法师真的能够这样,我就冒次风险,扯碎了这通牒。”李昌真的当面撕了通牒,叮嘱玄奘:“法师还是趁早离开这里为宜。”

甘肃张掖卧佛寺

箭在弦上,已经不得不发,形势也已经容不得玄奘再犹豫徘徊,他当即往马市上买了匹马来,只是发愁还没有找到一位带路的人。苦闷中,玄奘来到了他驻锡的那所寺里的弥勒像前祷告,然后又往道场拜佛。也就是在道场,玄奘碰到了位前来拜佛的胡人。这胡人好像是对玄奘很有兴趣。他绕着玄奘走了几圈,一副欲言又止的神情。玄奘也觉得纳闷,便问起他的姓名,回说姓石字槃陀。二人谈话很投机,石槃陀便请求玄奘为他授戒。玄奘也就为他授了五戒。石槃陀高高兴兴地告辞离去。隔不多时,他拿了些饼果过来,送给玄奘。正是病急乱投医,玄奘见他豪爽的样子,也显得颇为恭敬虔诚,便将自己目前的境况与将要西行出境去求真经的事告诉了他。石槃陀果然爽快地答应送玄奘穿过五烽。玄奘大喜,于是卖了些随身携带的衣资,又买了匹马,给石槃陀作坐骑使用,约定第二天出发。

次日,眼看太阳将要落山的时分,石槃陀带了位老年胡人,姗姗来迟。老人骑着匹衰迈精瘦的赤色马。如此机密的事情,怎好随意告人!玄奘心中已经有了些不快。石槃陀好像看出了玄奘的心思,忙着解释:“这位老者极熟悉西去的道路,往返伊吾有三十多次了,所以请他过来,出出主意,帮着想个办法。”

老人便说起西方路途如何险恶,沙碛茫茫,常常有鬼魅出入,热风刮起,不幸遭遇的,没有人可以幸免。又说起,这里的人西去,常常都是众人结伴而行,人多势众,也还时常迷路,何况法师独自一人,如何能够去得?希望法师三思,爱惜自己的性命。

玄奘看得出来,石槃陀后悔了当初自己的承诺,已萌生了为难情绪,这分明就是在打退堂鼓!但玄奘西行的决心坚如磐石,不可摇动。他没有任何犹豫,便向老人说道:“贫僧为求取大法,发誓要到西方。不到婆罗门国,决不东归。纵然死于半路,也无怨无悔。”

老人见不能说动玄奘,便说道:“法师一定要去,可以乘坐我这匹马。这马往返伊吾有十五年了，老马识途，也结实耐用。法师您这匹马如此稚嫩，哪里经得起这远路的跋涉！”

一个宗教学者，相信的是宿命，玄奘仿佛记起，还在长安，立志要西行取经的时候，曾有位术士何弘达帮他占卜，说过：“法师可以去。去的时候好像骑着匹精瘦的赤色老马。漆鞍桥前还有块铁。”玄奘再看眼前的这匹马，竟似乎真的与何弘达所说不谋而合，心里高兴，当下就与老人换了马匹。老人也显得十分开心，作揖致敬辞去。

行装早已整备打点妥当，于是，在茫茫夜色的掩护下，玄奘与石槃陀出发了。三更的时候，他们到了葫芦河边，远远的，依稀能够望见玉门关。在距离关隘约有十里的地方，河宽大约有一丈多，近处是一片胡桐树林。石槃陀砍木搭桥，铺草填沙，驱马而过。顺利过了河，玄奘心里高兴，吩咐石槃陀，解驾小憩。两人相隔五十余步，各自铺褥安歇。

不一会儿，玄奘见石槃陀拔刀站起，似乎在想着什么心思，接着缓缓向他走来，距离不足十步，却又折回。玄奘感觉到，这是胡人起了异心，有了歹念，于是也不敢再安心入睡，坐起身来诵读经书，念观世音菩萨。石槃陀看见，也不说什么，又躺了下来，很快鼾声响起，进入了梦乡。

晨曦初露的时候，玄奘喊醒了石槃陀，让他取水过来洗漱。吃了些干粮，将要出发之际，石槃陀对玄奘说：“前途极险，又这样遥远；途中没有水草，只有在五烽下才有水源，必须在夜间赶到，偷些水过去。但一旦被发觉，便必死无疑了。不如趁早回头，这样会更妥当些。”玄奘坚志不移，石槃陀便张弓露刃，让玄奘在前边行。玄奘担心遭到胡人的暗算，自然不肯居前，石槃陀也只得自己在前走着。又走了几里的路程，石槃陀停了下来，对玄奘说：“我是不去了。我还有家小要我照顾。再说，朝廷王法，也不准许我们偷渡。”玄奘明白他的意思，便请他只管自己回去。石槃陀却说:“法师你也肯定过不去。假如被捉拿,不会攀扯到我吗?”玄奘回答:“尽管放心。就是被拿,切成了肉糜,我也不会攀扯上你。”石槃陀见玄奘法师立了重誓,也放下心来,转身就要返回。玄奘匀了匹马给他,并感谢他这段路程上的带路和照顾。

石槃陀的故事,让人不免想起《西游记》里的猎户刘伯钦。唐僧收孙悟空为徒之前,在孤苦无援的情况下,在双叉岭遇到刘伯钦。正是刘伯钦将他护送到了两界山,然后在五行山下解放出了孙悟空,并收其为徒。在两界山半山中,刘伯钦停下了脚步,对唐僧说:“长老,你自前进,我却告回。”唐僧滚鞍下马,提出再请送上一程,伯钦道:“长老不知,此山唤做两界山,东半边属我大唐所管,西半边乃是鞑靼的地界。那厢狼虎,不伏我管,我却也不能过界,你自去罢。”这里边,便依稀有石槃陀故事的影子存在。

石槃陀离去,玄奘又成了孑然一身。他形影独自,孤身一人,跋涉在茫茫无际的戈壁大漠之中,有几许凄惶苍凉,也有几分慷慨悲壮。没有人带路,只能跟寻有白骨和马粪的地方走去。这是先行者用生命作代价留下的珍贵的踪迹,现在正成为玄奘西行路上唯一可以辨认方向的路标。

一个人行走在荒无人烟、漫无边际的大漠之中,与自然条件的恶劣相比,孤独寂寞成了更可怕的敌人。天有时是那样的蓝,蓝得如大海一样深沉,让人摸不着边际;又是如此的寥廓,寥廓得让人更感到自己的渺小与微不足道。四周一片死寂,静得可以听见自己的心脏在跳动。忽然间,玄奘看见,远处有浩荡的军队正在开来。仔细辨去,却闪闪烁烁,时行时歇。数不尽的裘褐驼马、猎猎旌旗,不断迷离恍惚地变幻着。远观赫然,将到近处,反倒稀微模糊了。玄奘这是遇到了戈壁大漠中的海市

《西游记》版画

蜃景。他当然不知道这是一种自然奇观，先以为遭遇了大队的强盗，看着逐渐消逝，又以为遇见了妖魔鬼怪。他喊着“别怕，别怕”，一颗心早提到了嗓子眼上。他只能自我安慰，自我壮胆，而紧张的心似乎也真的又重归平静了。

曾在网上看到一篇署名茵公所写的《穿越戈壁》的文章，是作者乘车穿越戈壁的感受，虽然远不能与玄奘的孤身一人、徒步跋涉相比，但其情景却是十分真切的。现抄录部分，以见一斑：

原以为戈壁的概念就是好听的驼铃和金色的沙峦，谁知道所谓的戈壁就是又板又硬又粗砺的、泛着盐碱的不毛之地。“戈壁”，是蒙古语，意为“难生草木的沙石地”，是粗沙和砾石覆盖在硬土层上的荒漠地形。广阔无垠的、黑蓝色的戈壁滩无穷无尽地伸向远方，与蓝得干净、蓝得深邃、蓝得可爱的天空连接在一起。当你置身于这恢宏壮阔的天地之间，目光会放得很远很远。而沙漠，是指地面完全为沙所覆盖、缺乏流水、气候干燥、植物稀少的地区。一见沙漠，虽感苍凉，却很深邃。连绵平滑温柔得如同女人胴体的沙丘，从哪个角度看都是一幅美丽的画卷。这景象使我意乱神迷，目不暇接。在这里，不为缺乏美的发现而忧愁，只为景象记录不完而遗憾。

戈壁，戈壁，戈壁。唯一的地貌，单调的色彩。视野里早已荒芜得只剩下黑、灰、白色。几辆擦窗而过的货车，一条通天的大路，两边的戈壁在眼边流动，拉出土黄色的直线。四个多小时的车程，一路上追着连绵不绝的祁连山跑，怎么跑也没个尽头。层层叠叠黛青色的山脉与公路平行着向前延伸，纯净的蓝色天空中白云真的像棉花团一般飘浮着。所见祁连山不高，但确确实实山上的白雪清晰可见，很有特色，时隐时现地陪伴在我们的身边。那绵延无边的祁连山脊，一律没有植被，似卧牛身上皱折的皮，仿佛石崖裸露的骨。

山让人着急便也罢了，偏偏除了祁连山就是广阔的荒漠和茫茫的戈壁腹地。远远往戈壁滩望去，渺无人烟，一眼就可以望得到天边，用肉眼看它的宽度，也许是丈量不出具体面积的。据一些资料记载，它少则近百里，多则上千里，所以，我们用肉眼看到的它，只能用一望无际来形容。荒凉贫瘠干涸的土地上散落着没有生命的石头和沙砾。它们在风的指挥下恣意地飞旋着，像是在排练一场无序的交响；又像是一片奔腾不息的河水，显示出一种野性的骚动，使荒凉的大漠还不至于那么死寂如铁。偶有几棵沙枣树和白杨，也是干干瘦瘦的，刚绽开的树叶就接近枯黄。

旷野上很难见到草，间或有几株矮小的黄绿色植物，不是紧贴在地面，就是躲藏于埝坑里，顶着骄阳顽强地生存着，完全是一副自惭形秽的样子。那是一种叫做骆驼刺的植物，几株骆驼刺在阳光下蜷伏着，虽然显得弱小、孤零，成不了什么“气候”，但它们却是这戈壁滩上鲜见的风景，点缀着没有生命迹象的原野。骆驼刺生命力之强是难以想像的。据地质学家探测，戈壁滩下面由数十甚至几百米的沙石砾构成，由于长年的干旱，基本上是不长什么植物的，所以，零零落落点缀着的几株骆驼刺，更为戈壁滩增添了几分萧瑟。尽管它们只是一晃而过，没有给我留下过多的印象，但那蓬绿色却长久地停留于我的眼中。我的心被它们葱茏了，梦被它们葱茏了。路上的车辆也很少，没有看见小鸟，也没有野兔之类。间或看见一两个村镇，也被匆匆抛到车后。骆驼刺和大风，实在让人感觉空寂、视觉疲累。干燥、闷热、颠簸和尘土，艰苦极了。荒无人烟，偏僻冷漠的尘烟再一次俘虏了我的心。

时间过得实在太慢，空气在这儿是凝固的，两边的景致像是一副定了格的画框，没有什么变化的单调，这种路况，即使再多走几遍也难以辨认出地点。如果你没有一直行进在戈壁滩上的话，那么，你是不会感

沙漠图

觉时间之慢的。你的内心里也许会有一丝恐惧感,你怕汽车会突然坏在这前不着村后不着店的戈壁滩上,那么,你也许就会在这里呆上一天甚至几天,如果你没有带够水和食物,那么,接下来的你将面临严峻的考验。

太阳狂热地照射在戈壁滩上。晴空碧云,近在眼前,似乎伸手可摘。西北的天是高的,云朵是静的,像是谁用棉花为天空打的补丁。黄苍苍的戈壁无垠地伸展于西北大地,远处可以望见缀着白雪的山峰灰暗地眺视着来去的一切。行驶在这样的地方,可以找到在城市所不可能有的自由之感。驾驶者随心所欲地抛弃所有的陈规旧章,看着身后滚滚黄沙漫起,任凭热烈而干燥的风吹打自己的脸庞。

行在戈壁,眼睛不规矩地寻找着这块毫无生机的土地,希冀有新奇的景物闯入自己的视野,盼望会有黄羊、狡兔之类甚或楼兰美女闪现在我们面前。然而,晴天丽日,没有美女,也没有飞禽走兽,但我们却有缘见到敦煌的又一奇观——光线在不同密度的大气层里折射所形成的海市蜃楼。

据说在晴朗炎热的夏日，敦煌的戈壁瀚海中常能看到这神秘的蜃景。但见茫茫戈壁黄沙铺展到了天际,廖落的骆驼草一簇簇顽强地展示着它们的生命力。突然,在路的左侧戈壁深处出现了一汪碧蓝色的"海水",波涛澎湃;隐隐约约可以看见海边的公路和路上的车辆,还有高大的"山川"、整齐的"建筑"、耸立的亭台楼阁、错落有致的"城市",或者其他物体的幻影……这些景致若隐若现,虚无飘渺,瞬息万变,十分壮观。我觉得自己好像是进入了太虚仙境,脑袋不知怎么就有点晕乎了,似真似幻的景物飘浮着让人遐想不已。这个景观持续了很长一段时间,使我以为那里原来就有大海。汽车向前奔驰着,我拿出相机拍了几张,我以为可以追到海市蜃楼看个究竟，然而令我失望的是汽车开得越快开得越近,它似乎离得越远。它真的是一种可遇不可求的东西,等车转了一道弯、爬上小坡之后再看时,哪里有什么山、海、车、建筑!除了戈壁还是戈壁。它早已消失于茫茫的旷野之中。我失神地望着这块大地,那片刻的激动依然环绕眼前,不免有一丝惆怅涌上心头。

戈壁滩上的太阳显得特别明亮,光可灼人,空中的云又松又软,划一根火柴似可点起一团烈火。人坐在车里就像在蒸笼中一样，又干又热。在这片几乎没有任何生命迹象的土地上,人的生存能力显得尤其脆弱。在这里,人们才真正领悟到,什么叫极旱荒漠。这儿的空气湿度只能是零,午后的烈日让你周身发怵,不敢抬头望天,沿途不时能见到风沙四卷、龙卷风飘忽往来的景况。脸上皮肤干燥得异常难受,眼球灼热刺痛,鼻孔发痒,浑身上下好像正在被大气慢慢蒸发一样。

一整天都在出了神地望着车窗外大西北的大地。一路上干燥的空气、灼热的风、湛蓝的天空、如絮的白云、不毛的戈壁、地平线上的天边以及远处偶尔飘向高空的笔直笔直的黄烟，都给了我一种很强烈的震憾。这块古老的土地，总在不经意中拨动着我灵魂深处那条埋藏得很深的神经。这是一种很特别的感觉，多年以后的今天，我仍然无法用我苍白的语言来表达这种感觉。我看过大海、爬过高山、钻过山洞、上过长城、进过故宫，去过祖国的许多地方，每每只是想去欣赏风景，但大西北给我印象最深的绝对不是风景。

汽车穿越行驶在一目了然的戈壁滩上，此时，我的脑海里仿佛出现了金戈铁马和将士们的声声呐喊，于是我会情不自禁地吟出“古来征战几人回”的诗句；我的心海里仿佛感受到那传说中的香妃从新疆远嫁到紫禁城、在穿越这片不毛之地时内心的凄楚，于是，不由得在自己的内心深处涌出一声沉沉的叹息……然后再放眼远望，你在几十里内也看不到一个人影，偶尔你会看到一只栖在光秃秃的也许在几百年前当烽火台抑或是瞭望台的如今已经变成了土疙瘩上的乌鸦，你在惊叹还有鸟儿的同时，又会被乌鸦身上那统黑的羽毛所感染，如果你有幸听到一声它的凄叫，而此情此景，只会增加你内心的那份凄楚，于是，你不免会发出一声：“唉，这片土地啊……”

八十多里路程又甩在了身后，玄奘终于望见了耸立在沙漠中的第一座烽火台(今白墩子)。因为担心被守望者发现，玄奘便藏身在沙沟里边，到了夜色染黑四周的时候，才从沙沟里爬出，继续行进。水源在烽火台的西边，玄奘悄悄走了过去，来到池边，尽情喝了个饱，又洗了把脸，舒服极了。玄奘正要取出皮囊盛水时，突然一箭射来，险些射中他的膝盖。很快又是一箭射来。玄奘清楚，自己被守望者发觉了，他便大声喊话:“我是僧人,从京城过来。不要射我。”当下牵了马,向烽火台走去。烽火台上的兵卒也打开碉堡的门出来,见真的是位和尚,就带他去见校尉王祥。

王祥命手下点了火把照看,回禀:“不是我们河西地区的僧人,看样子真的是京城来的。”王祥近前,详细询问玄奘,为什么走到了这里。玄奘向王祥说:“校尉是不是听到过,有僧人玄奘,要去婆罗门国求法的事?”王祥说:“说是玄奘法师已经东还,怎么又到了这里?”玄奘给他看了自己带的疏文和上边的名字,王祥才相信不假。王祥对玄奘说:“西去的路途艰险遥远,法师已有所领略了。依我看,法师是不可能到达印度的。现在,我不办你任何的罪。我是敦煌人,就送法师到我们那里去吧。当地有位张皎法师,素来钦敬贤德,见到法师,必然欢喜。法师以为如何?”

玄奘感觉得出,王祥是个志诚敬佛的人,于是便恳切周详地向他说起:“玄奘家在洛阳,少年慕道。多年以来,两京佛界宗师,吴、蜀之地或有一得之僧,玄奘无不负笈从学,尽得他们的学问。如今讲经说法,辩论商榷,也颇有了一点声名。如果是养身修名,那儿总不比敦煌差吧?遗憾的是,我国现有的佛学经论,大抵残缺而不完备,所以才要冒九死一生,不惮艰险,发誓往西方求取真经。檀越一片赤诚,非但不加劝勉,反而主张退却,这难道是在护助弘扬佛法吗?即然一定要阻留,任加刑罚,玄奘也始终不会东移一步,来改变自己求法的初衷。”王祥听了玄奘法师如此一番言论,十分敬重,说道:“弟子有幸,得遇法师,敢不随喜!法师太辛苦了,先去歇息,到了明日,我自然护送,给您指示路径。”

次日天亮,玄奘吃了饭,王祥先派人送来水和干粮,然后,亲自送玄奘走了十多里路程。要分别了，王祥说："法师从这条路，径直奔向第四烽。那里有位王伯龙，是我的同宗兄弟，也有信佛的善心。到那儿，只要说是我让您来的就行。"

当天晚上，玄奘便来到了第四烽（今马莲井子）。因为担心遭到拘留，玄奘打算悄悄取了水过去。来到水源附近，还没走到池边，飞箭已经射来。玄奘一如前边，报上身份，便有人下来。校尉问话，玄奘回答从王祥处过来，要往西方取经。王伯龙果真欢喜留宿。玄奘走的时候，他还送了满盛着水的大皮囊以及马匹、干粮等。又给玄奘指示了路径："法师不必走第五烽（今新疆星星峡）。那里的校尉为人卤莽，遇到他，怕会发生什么意外。可从此径直向前行，约莫百里地，有野马泉，能够取得饮水。"

离开了第四烽，避开第五烽，便进入莫贺延碛。这里已经不再是大唐的辖区。莫贺延碛古名沙河，位于罗布泊和玉门关之间，今称哈顺戈壁，长达八百余里，上无飞鸟，下无走兽，水草皆无，一片连天的沙碛。小说《西游记》里有《八戒大战流沙河，木叉奉法收悟净》，便是由此想像生发而出。"八百流沙界，三千弱水深。鹅毛飘不起，芦花定底沉。"《西游记》故事正是根据"沙河"而主观悬想，并敷衍出了沙僧的故事。八百里长的沙碛荒漠，对于孤身一人的玄奘来说，其艰险困难，与《西游记》里唐僧过流沙河，并没有太大的区别。《大慈恩寺三藏法师传》记载："是时顾影唯一，心但念观音菩萨及《般若心经》。"分明能够看出，在这个时候，玄奘法师内心的孤寂与恐慌，是早已经超出了其心理所能承受的极限了。

《大慈恩寺三藏法师传》里讲到了《心经》的来历。说是当年玄奘在成都的时候，看到了一位流落街头的乞丐，衣着褴褛肮脏，身上生疮，臭

《西游记》版画

秽熏人。玄奘觉得可怜，便将他带回寺里，给了他些银子，让他去买件衣服和吃的。乞丐感动得不知怎样报答，便教给了玄奘《心经》。在莫贺延碛，玄奘“逢诸恶鬼，奇状异类，绕人前后，虽念观音不得全去，即诵此

《经》,发声皆散,在危获济,实所凭焉"。在唐人所写的《独异志·玄奘》篇里,也提到了《心经》的来历,说是玄奘在罽宾国,遇到了一位头面布满疮痍、身体多生浓血的老僧口授,令他记下。《大唐三藏取经诗话》第十六节更专门写及玄奘在香林寺受《心经》的过程:

竺国回程,经十个月,至盘律国地名香林寺内止宿。夜至三更,法师忽梦神人告曰:"来日有人将《心经》本相惠,助汝回朝。"良久惊觉,遂与猴行者云:"适来得梦甚异常。"行者云:"依梦说看经。"一时间眼润耳热,遥望正面,见祥云霭霭,瑞气盈盈,渐睹云中有一僧人,年约十五,容貌端严,手执金杖,袖出《多心经》,谓法师曰:"授汝《心经》归朝,切须护惜。此经上达天宫,下管地府,阴阳莫测,慎勿轻传。薄福众生,故难承受。"法师顶礼白佛曰:"只为东土众生,今幸缘满,何以不传?"佛在云中再曰:"此经才开,毫光闪烁,鬼哭神嚎,风波自息,日月不光,如何传度?"法师再谢:"铭感,铭感!"佛再告曰:"吾是定光佛,今来授汝《心经》。回到唐朝之时,委嘱皇王,令天下急造寺院,广度僧尼,兴崇佛法……"

在这里,玄奘的受《心经》是在返程,与前文所说的得之于取经前或前往取经途中,已有不同。《西游记》小说第十九回《云栈洞悟空收八戒,浮屠山玄奘受心经》,也专门写到此事,也是前往取经的途中:在孙悟空收了猪八戒之后,师徒三人继续西行。走过了乌斯藏界,猛抬头,见一座高山。唐僧又有些紧张。猪八戒对这里颇为熟悉,向师父禀报:"没事。这山唤做浮屠山,山中有一个乌巢禅师,在此修行。老猪也曾会他。"与乌巢禅师相见之后,唐僧便问他,西天大雷音寺还有多远。乌巢禅师回说:“远哩!远哩!只是路多虎豹,难行。”然后又说:“路途虽远,终须有到之日,却只是魔瘴难消。我有《多心经》一卷,凡五十四句,共计二百七十字。若遇魔瘴之处,但念此经,自无伤害。”于是口诵传授给了唐僧。

再说玄奘,在大漠中又走了漫长的百余里,竟迷失了方向,要找的野马泉也不知在什么地方。玄奘口渴难耐,急着取水要喝,谁知水袋子沉重,竟失手掉到了地上,这赖以维持生命的饮水,一下子全渗进了沙土之中。前方的路在哪里,无从辨认;想东返回到第四烽,刚走了十余里,又想起自己发过的誓愿:不到天竺,终不东归一步。于是立刻止步,宁可往西而死,岂能东归得生!玄奘掉转马首,专念观世音名号,继续向西北行进。

四顾茫然,人鸟绝迹。夜间萤火闪烁,灿烂得如同繁星在天。狂风刮起,沙尘迷漫,丽日当空一下子变得伸手不见五指。沙砾飞起,落下,如同骤雨倾泻。最要命的是没有了饮水,干渴得眼冒金星,步履艰难。已经是五天四夜滴水未进了,玄奘感觉到就像过了五个月,不,是五年!季节已经到了初冬,玄奘却仍然感到太阳的光芒是那样的火辣烤人,仿佛五脏六腑之间,都将有火苗喷出。他终于支撑不住了,倒在了沙碛之中。神志迷迷糊糊,玄奘依然不忘记念诵观世音名号,他顽强地撑持着,念叨着,不能闭上眼睛。

时间已经是第五天的夜半,起了凉风。一阵风吹过,玄奘法师觉得就像洗了个冷水澡,神志也一下子清醒了不少。眼睛可以看见了,马儿也能够站立起来了。稍作喘气,玄奘法师又继续进发。大约走了十里地,马儿突然掉转了方向,怎么也不能让它回头。就这样走了几里,玄奘眼前一亮,他喜不自胜——终于看到青草了。这毕竟也是一种生命。有了草，马儿可以饱餐一顿。更令玄奘喜出望外的是，离草十多步远，有一泓清澈的甘泉，真的是久旱逢甘霖，救命的水啊！玄奘可以尽情畅饮了。人、马都得到了必要的补充，玄奘法师也精神抖擞，死里逃生，他似乎一下子对于前途有了更充分的信心。

穿越西域各国

蓝天，白云，碧草，清泉，一个人拥有了偌大的世界，恣意享受着徐徐而来的阵阵轻风的抚摩，如痴如醉。在这一刻，除却真实的生命，一切都成为过去，一切都成为身外之物。

在诱人的清泉旁，如茵的碧草中，玄奘整整休息了一天，享受了一天，他显得那样满足。次日，盛足了饮水，攒够了青草马料，从这身边安逸的诱惑里，奋力地挣扎而出，他又踏上了充满风险的征程。走了两天，终于闯出了沙漠。大约在十二月中旬，玄奘来到了伊吾。

到了伊吾，玄奘驻锡在一所寺院里。"美不美，乡中水；亲不亲，故乡人"，寺里有三位多年前从内地过来的僧人，听说家乡来人，竟然激动得像孩子见到久别的母亲。一位老年的僧人在听说了玄奘到来的消息后，忙乱着一边穿衣，一边就迫不及待地奔向门外，出了门发现没有穿鞋，也顾不了许多，一阵小跑，见到了玄奘，竟泣不成声，半天说出了这样一句话:“哪成想,这辈子还可以再见到家乡来人!”经历了孤身穿行沙漠、九死一生后的玄奘,同样激动得流出了热泪,与同乡人相见,一股暖流也顿时流遍了周身。

这时,有高昌国(在今新疆吐鲁番)的使者在伊吾国,正要返回,恰遇到玄奘来了伊吾。回去后,高昌国使者便将玄奘到伊吾的消息报告给了国王麴文泰。麴文泰得到报告,当天就派出使者,送信给伊吾王,让传话给玄奘,邀请他到高昌来。派出的人走了,国王还不放心,又传令挑选几十匹精良的千里马,让朝中重臣带着,到沿途去迎候玄奘。

隋唐时期,由内地前往西域,大致有三条路径:一是北道,从伊吾过蒲类海(今新疆巴里坤湖),直达突厥王庭;二是中道,从高昌过焉耆、龟兹、疏勒,西抵葱岭;三是南道,从鄯善过于阗,到葱岭。

玄奘到伊吾国,转眼有十多天了。他原本没有经高昌国的打算,是想越过天山,走北道,直奔西突厥王庭的所在地千泉,然后到达印度。这时,高昌国的使者到了。使者转达了高昌王的心意,盛情殷殷,诚意可见。玄奘实在无法推辞,也只好随了使者,转道高昌。穿过南碛沙漠,在马上奔驰了六天,才到了辖属高昌国的白力城(今新疆缮善)。

岁末的一缕残阳有气无力的,光线渐暗了下来,夜幕降临了。玄奘也感到有些疲乏,便提出就在白力城歇下,明日再去国都。白力城的官员和使者了解他们国王的心情,便做玄奘的工作:“王城已经不远,还是再辛苦一会儿,很快就到。法师的坐骑老迈难骑,可否暂且留下,让后边的人带上。换乘我们的马,可以走得更快一些。”玄奘体谅他们的难处,便不再多言,随同他们继续前行。

半夜时分,终于赶到了王城。国王麴文泰已经与侍从出宫,举烛列队欢迎,接玄奘法师进了宫廷后院,来到了一重阁豪华的宝帐中。

高昌古国

高昌王麴文泰对玄奘的迎接分外热诚。他向玄奘说："弟子自从听说法师要过来，高兴得寝食俱忘。盘算着路程，法师该在今夜到达，便与妻子读经恭候，一直未睡。"不久，王妃带着几十位侍女过来参拜。天都快亮了，玄奘困得实在厉害，向麴文泰表示，该休息了。麴文泰留下几位太监侍候法师，自己回宫去了。

天刚刚亮，玄奘还没有起身，麴文泰又已经带着他的嫔妃来到门前，行问候的礼节。麴文泰似乎还沉浸在见到玄奘后的兴奋中，说道："弟子一直在想，从唐国来，如此路途辽远，艰险难行，法师只身走过，实在令人称奇，不可思议，真神人也。"说着，感动得满眼泪花，唏嘘不已。

整备斋饭吃过，麴文泰亲自引路，带着玄奘，来到宫廷旁边一处道场。麴文泰陪坐说话，宫廷太监负责侍卫。高昌有位彖法师，曾经游学长安，麴文泰令他过来与玄奘相见。国统王法师，年逾八十，麴文泰让他来陪侍玄奘，并让他做玄奘的思想工作，希望玄奘不要再去西方，就留在高昌。

高昌是5世纪下半叶由来自河陇的汉族移民建立的一个小国。麴氏政权兴起于6世纪初，麴文泰在武德六年(公元623年)即位。玄奘到来的时候,高昌刚经历了一次因推行汉服而引发的政变,元气大伤。麴文泰真心希望玄奘留下,既希望让玄奘来做高昌的佛教领袖,以弘法来祈求佛的保佑;也希望得到玄奘辅弼,真正摆脱西突厥与唐王朝的双重压迫,建立起一个类似汉朝中央政府那样的强大王朝。高昌王诚意可见,但终归是一厢情愿。

玄奘在高昌国已经停留了十多天,他急着赶路,便向麴文泰辞行。麴文泰问道:"我已令统法师向您表达了最真诚的心意,不知法师意下如何?"玄奘婉转地回答:"希望留下我,这是国王的厚爱,却与我西行的目的有悖。"麴文泰说:"我与先王曾经游历过贵国,也曾随从隋帝游览了东、西二京以及燕、代、汾、晋各地,见到的名僧多了,心里却从未产生过仰慕之情。但法师您不同,从听到您的大名,我便身心欢喜,手舞足蹈。一心想着您能到来,留在这里,受弟子供养一生,让敝国一国的臣民都成为您的弟子,听您的法音。僧徒虽少,也有几千,让他们做您的忠实听众。望法师能够体察我的赤诚,不要再想西游的事情!"

麴文泰的盛情令玄奘法师感动,但他西行求法的决心,却无论如何不会动摇。他对麴文泰说:"贫僧寡德,实不足以承受国王如此的厚爱。僧人此行,并不是为供养而来。只是悲悯本国法义不曾完备,经籍多有残缺,疑惑不能解释,所以发誓西行,要寻求还没有听到的法旨,也让我佛的甘露,不仅洒在西方,也能够沾溉东国。此心只能日日坚强,岂可半途而废!诚愿国王收回此愿。"

麴文泰的诚恳到了固执的地步,他说:"弟子仰慕法师,一定要留下供养。纵然葱山能够挪移,我心此意,不可改变。请法师万万相信我的愚诚,切莫认为我心非出真诚。"

玄奘说:"国王的诚意不必多言,我已能够真切感知。但玄奘西来只是为了求法，既然还没有得到所寻之法，决不可中途停下。就此敬辞，希望得到国王的体谅。何况，大王您，正是因为前世修下的胜福，今生才得为一国之君，非但是国家苍生的依靠，也应该是佛教的护法，理当帮助弘法，怎能成为弘法的障碍？”

麴文泰说：“弟子自然不敢成为弘法的障碍，只是因我国没有导师，所以要屈留法师，来指引迷愚罢了。”

玄奘西去的志向，终不会因麴文泰的坚持挽留而改变；身为一国之君的麴文泰，习惯了发号施令，何尝有过如此再三地对别人恳求，他有些恼怒了，对玄奘说：“弟子自有别的办法来对付您，法师又如何可以想走就走！要么人留下，要么遣送您回国，请法师三思。弟子觉得，还是留下来的好。”

富贵不能淫，威武也自不能屈，玄奘法师的回答同样斩钉截铁：“玄奘西来为的是大法，今日遇到阻碍，尸骨可以被国王留下，心志绝不会留在这里。”

谈话终于告崩，话不投机半句多，麴文泰不再恳求，但他要留下玄奘的想法依然没有松动。他觉得自己的诚意还不够，于是对玄奘的供养更加周到隆重了。每日进餐，他都亲自捧盘。他要以进一步的行动，来感动玄奘。

玄奘法师既被强留，无法离去，不能继续西行，也发誓再不进食，除非是麴文泰改变了主意。玄奘法师开始绝食了，他端坐不动，三天过去了，连半点水浆都不肯沾唇。

到了第四天，麴文泰发现玄奘的呼吸渐弱，有些害怕了，便马上向玄奘道歉，恳请说：“任法师西行，绝不强留，请赶快进食。”麴文泰的急转弯令玄奘感到怀疑，玄奘没想到两人间的较量，最后竟是自己获胜，

吐鲁番伯孜克里克石窟

他要求麴文泰指日为誓。麴文泰说:“如果需要发誓,我们还是一齐到佛前,对着我佛,结下金兰为是。”

玄奘法师与麴文泰共同来到道场,礼佛之后,对着麴文泰的母亲张太妃,两人结拜成为兄弟。麴文泰保证:任玄奘西去求法。最大的请求,就是在玄奘取经回来的时候,要在高昌国住上三年,接受他的供养。此外,眼下不急着离开,再住一个月,一方面请玄奘讲说《仁王般若经》;另方面,可以有足够的时间,来为玄奘准备西去路上的使用。玄奘都一一答应了。

麴文泰对这短暂的一个月时间非常珍惜。为了给玄奘演讲佛经时使用,麴文泰吩咐,另外造了顶超大的帐子,其中足够坐下三百多人。麴文泰、张太妃、统法师以及朝廷群臣,都准时前往听经。每次玄奘讲经的时候,麴文泰都亲自执香炉迎引;要登法座了,麴文泰如奴仆侍候自己的主子一般，跪在地上，以自己的身体来作玄奘踩踏的凳子，日日如此，场面十分感人。

一个月的时间，转瞬间就要过去了。《仁王般若经》也已经讲完。麴文泰为了让玄奘西行走得顺利，特意为他剃度了四个僧人，作为随从。因为西去的路上严寒，麴文泰给玄奘制作了三十套法服；另有面罩、鞋、袜等以及五百匹绢，足够二十年使用；再给马三十匹，派力夫二十五人；修书二十四封，致屈支(即龟兹，今库车)等二十四国。每封书附大绫一匹，为信物。又以绫绡五百匹、果味两车，专送统叶护可汗。致书统叶护可汗说："玄奘法师是我的义弟，要往婆罗门国取经，望可汗如爱护我一般爱护我弟，并请招呼素叶(即碎叶，今吉尔吉斯斯坦托克马克西南)以西各国，用驿站专马送我弟过境。"还委任侍御史欢信，亲自将玄奘送到素叶城统叶护可汗处。

麴文泰无微不至的关怀，令玄奘感动莫名，出发之前，他特意写下了一封上高昌国王表。表文在叙写了佛祖创教、佛法东传及自己的西行取经缘起之后，再致对高昌王的礼赞感谢之意。表中说道：

伏维大王禀天地之淳和，资二仪之淑气，垂衣作王，子育苍生，东祇大国之风，西抚百戎之俗。楼兰、月支之地，车师、狼望之乡，并被深仁，俱沾厚德。加以钦贤爱士，好善流慈，忧矜远来，曲令引接。既而致止，渥惠逾深，赐以话言，阐扬法义。又蒙降结娣季之缘，敦奖友于之念，并遗书西域二十余蕃，煦饰殷勤，令递饯送。又愍西游茕独，雪路凄寒，爰下明敕，度沙弥四人以为侍伴，法服、纶帽、裘毯、靴袜五十余事，及绫绢、金银钱等，令充二十年往还之资。伏对惊惭，不知启处，决交河之水比泽非多，举葱岭之山方恩岂重！悬度凌溪之险不复为忧，天梯道树之乡瞻礼非晚。倘蒙允遂，则谁之力焉，王之恩也。

玄奘的表文写的是真切的，在印度学成归来之时，他宁愿弃海上近路而从原路返回，不仅是要践行与麴文泰的相约，更是对麴文泰盛情礼遇的一个回报。麴文泰读了这封表文，比着谦虚，对玄奘说："法师既答应与我做了兄弟，我的就是你的，我国所有，同样也是你的，有什么好谢的呢。"

出发的这天，麴文泰率着他高昌国的僧人、群臣、黎民百姓，万人空巷，倾城送行。麴文泰与玄奘相抱大哭，僧俗人等也都被这离别的场面感动，流下了眼泪。麴文泰令送行的妃子与群臣、百姓先回，自己与国中高僧大德又骑马送了几十里路程，方才归去。

在玄奘法师西行取经的过程中，高昌王麴文泰显然起到了至为关键的影响。正是从此，玄奘身边有了随侍者，他不再孤单；也因为麴文泰给沿途西域各国的信函，使得玄奘有了法定的身份，得到了各国官方的保护。小说《西游记》里写到的"御弟"，在这里才得以名副其实，不过，这"御"不是唐太宗，而是高昌国王麴文泰。

玄奘有了四个侍从的僧人，有了二十五名脚夫跟随，有了高昌国侍御史的带队，沿途非常顺利，过无半城(今新疆布干台)、笃进城(今托克逊)后，进入了阿耆尼国国境。阿耆尼国相当于今中国新疆焉耆县。其东西长六百余里，南北宽四百余里，都城约在今焉耆县四十里城子东四里，群山带水，易守难攻。佛教徒信小乘一切有部，食三净肉(小乘佛教有三种肉不在禁食范围：一、不见其为我杀者；二、不闻为我杀者；三、无为我杀之疑者)。玄奘以为，他们的佛教尚处于初级阶段。

在阿耆尼国国境，玄奘一行一直向西，迤逦走去。这天傍晚，来到了一处叫阿父师泉的地方，众人歇下。阿父师泉是一处十分奇异的景观，其泉水不是在地下涌出，却是从数丈高的沙崖中段流下。关于这奇怪的泉水，有着一段凄美的典故来历。据说，这里原先并没有泉水，只是一望无际的荒漠。记不清是什么年代，有一支数百人的商队从这里经过。到了这个地方，带的水早已用尽，人马干渴，实在走不下去，便歇了下来。当时随商队一起的，还有位僧人，一路走来，僧人的吃住，就全靠着商队的施舍。商人们已经筋疲力尽，有些绝望了，僧人却似乎全不在意。商人们有些诧异：莫非这僧人有什么办法？他们便齐来向僧人请教。僧人说："你们想得到水，就应该一齐拜佛，受三归五戒，我便登崖求水。"困境中的商人们齐声答应了僧人的条件。授戒已毕，僧人说："等我上崖后，你们要喊'阿父师为我下水'。"僧人去了，众商人谨依僧人的教导而行。不多久，真的有清水自崖的中段涌出。商队里一阵欢腾。商人们尽情喝足，久等僧人不来，便攀上沙崖寻找，才发现僧人已经在沙崖上坐化。商人们都很悲伤，于是按照西域葬法，焚烧了僧人的尸体，就在他坐化的地方，垒起了一座砖塔。从此，这地方就有了泉水。人们为纪念僧人，给这泉起名阿父师泉。

次日天亮，玄奘等人继续西行。经过银山（即库木什山，在今托克逊）时，在山的西边遇到劫匪，送了一些东西给他们后，劫匪散去了。这天晚上，玄奘一行就歇宿在王城附近的一条河畔。同歇宿的，另外还有几十位商人。商人们要赶生意，天未亮便起程，走到了前方几十里处，遭劫匪劫杀，竟全部死于非命，无一人逃脱幸免。当玄奘一行赶到的时候，只见尸体纵横，财物一空，不免兔死狐悲，十分伤感。

这时已经依稀可以看到阿耆尼国的京都了。阿耆尼王率领群臣前来迎接，请进国都供养。因为曾经被高昌国侵扰，阿耆尼国与高昌国的关系并不怎么融洽。由高昌大臣率队的玄奘一行，在阿耆尼，也仅是得到礼节上的招待，甚至连惯有的驿站换马都没有，所以，玄奘一行也只是在这里歇了一宿，次日便匆匆离去。

鸠摩罗什法师像

渡过了一条大河，便是一马平川，走了几百里的坦途，便进入屈支国。屈支，古称龟兹，位于今新疆阿克苏专区库车县。古屈支国东西长千余里，南北宽六百余里，都城约在今天库车附近的皮朗旧城。该国中盛产名马。此地风俗，新生的婴儿，要用木块将脑袋夹起，使之呈扁形成长。该国隔五年要举办一次盛大的斋会，每当秋分数十日间，举国僧众会集于大会场，从国王到百姓，都停下手中所有的事务，斋戒听法。各寺院用车载了盛装的佛像，俗称行像，纷纷云集会所。在大会场西北方向，隔河有阿奢理贰寺，传说是前代国王为嘉奖其御弟的美德而修建。这里还是前代高僧鸠摩罗什的出生地，一个隆重佛教的地方。

近屈支国都，屈支国王率群臣与僧人木叉毱多等前来迎接。在城东门外，更有数千僧人搭起帐篷、安设佛像，奏乐欢迎。有几十位高昌僧人在此出家，都集中在城东南的一所寺院中，因为玄奘一行是从家乡过来，这些僧人便恳切邀请先到他们的寺里，当晚，玄奘等人就在高昌僧人的寺中过夜。

次日,屈支王派人来请,备陈供养,极为丰盛。所进食物中有三净肉,玄奘不肯享用。国王诧异,不明白是怎样一回事。玄奘向他解释说:“三净肉仅是为方便渐教所开,并非大乘佛教的原旨。玄奘信奉的是大乘,所以不能接受。”于是国王令取来素食,献给玄奘。

在宫中用过了斋,由该国佛教大师木叉毱多引路,玄奘等人前往当地最大的寺院阿奢理贰寺参拜。寺院规模宏大,金碧辉煌;佛像雕刻也都巧夺天工,惟妙惟肖。木叉毱多正是该寺的住持。木叉毱多曾经游学印度二十几年,博涉众经,尤其对《声明》这门研究语言的学问有其专攻,受到屈支一国上自朝廷、下到百姓的崇敬。在玄奘面前,木叉毱多不免要倚老卖老,接待只是出于礼貌的纯为面子上的事情,并没有将年轻的玄奘放在眼中。

话题自然就讲到了西行求法。木叉毱多说:“在我们这儿,《杂心》、《俱舍》、《毗婆沙》等各类经典,一应俱有,足够你学习使用了,实在是没有必要再万水千山、远途跋涉,去吃那一番非人的辛苦。”玄奘问道:“这里有《瑜伽论》吗?”木叉毱多一副不屑的神情,说:“这是一部充满邪见的书,问它干吗?真正的佛门弟子,是不要学这样的书的!”这番话,使木叉毱多在玄奘心目中的地位一下子改变了。玄奘有足够的修养,可以宽容一切,但决不允许有人玷污他心中最崇高庄严的圣经,他当即不客气地反驳:“《婆沙》、《俱舍》,我国就有。所遗憾的,只是感觉到它们道理讲得肤浅,不能有透彻终极的说法,所以在下才要西行印度,求取大乘经典《瑜伽论》。《瑜伽论》是弥勒菩萨的学说,诽谤它是邪书,岂不怕身后下九层地狱吗?”妄自尊大的木叉毱多当然不允许一个后生小辈如此公然地向自己的权威进行挑战,也就不再讲什么待客的礼节,说道:“这正是因为你对《婆沙》等经一知半解，才会认为它们没有足够深刻的思想见解。”玄奘针锋相对地说：“那么，法师您，懂这几部经书吗？”回答曰：“都有一番深入的研究。”玄奘当下引《俱舍论》开头的语句发问，木叉毱多的解释已然十分荒谬；玄奘进一步发问，木叉毱多被问得有些不大愉快，说：“再问其他。”玄奘更引别的文字，木叉毱多脑子里已经是一片混沌，说：“《俱舍论》中，没有此段文字。”站在他身边的国王的叔叔智月和尚，已经无法容忍木叉毱多竟如此强词夺理，不禁站出来说，经中有此原话，还去找来了经书逐字诵读，木叉毱多羞愧得无地自容，更无法再作狡辩，只得承认是自己年迈健忘，一时忘了的缘故。玄奘再问他别的经典，解释也大抵难中款要。

此时，冰山（在今木苏尔岭天山隘口）正是封山的季节，雪路未开，不能进发，玄奘等人不得不继续淹留在此。两个多月的时间，除了外出观览凭眺，便是在寺院中参佛读经，也常常和木叉毱多晤谈。这时的木叉毱多，已不再如从前那样倨傲怠慢，私下里也对玄奘每多赞扬：“这位中原僧人有学问，好辩才，就是到了印度，在他这个年龄段，怕也难找出第二个。”

终于到了可以出发的日子。前行六百里，过了不大的沙漠，便到了跋禄迦国（今新疆阿克苏）。他们歇了一宿，又接着向西北行三百里，再穿过一片沙漠，便到了冰山脚下。《大唐西域记》有专节文字写冰山之险：

国西北行三百余里，度石碛，至凌山，此则葱岭北原，水多东流矣。山谷积雪，春夏合冻，虽时消泮，寻复结冰。经途险阻，寒风惨烈，多暴龙，难凌犯。行人由此路者，不得赭衣持瓠大声叫唤，微有违犯，灾祸目睹。暴风奋发，飞沙雨石，遇者丧没，难以全生。

据季羡林先生《大唐西域记校注》，冰山俗称冰达坂，位于伊犁、温宿之间，为著名的冰川谷道，由布满裂罅的多座冰达坂组成。其间冰崖矗立，嵌空万仞，下有雪海，春夏虽时消泮，然寒风凛冽，寻复合冻。此路为行人往来交通要道之一，危径一线，攀登艰难，行旅跋涉，困顿万状。

此时一见，果然名不虚传。玄奘等人抬头望去，但见山峰高耸云霄，与天相连，奇崛险峻，更不知是多少年的冰雪聚结。一番艰难地跋涉之后，到了山上，四处可见千奇百怪的冰崖，恍惚进入了一座无际的迷宫。穿行在这冰雪海里，不时遇到坍塌的冰峰阻道，必须绕道而行。狂风呼啸，乱雪纷飞，尽管重裘在身，人们仍感到彻骨的寒冷。七日七夜，睡觉是席冰而卧，煮饭要将锅吊起，悬空才能着火。穿越了冰山之后，检点人数，十有三四冻死在了山里，随行的牛马更是所剩无几。

接着一行人来到大清池。群山环绕中，是浩淼无尽的咸水湖，东西长，南北狭，方圆有一千四五百里。因为咸水的原因，湖水常年不冻，所以又称热海。沿着热海湖畔，向西北走了五百多里，已经是西突厥管辖下的素叶城。玄奘一行与外出打猎的统叶护可汗不期而遇，统叶护可汗令随行的官员暂且将他们送回衙门安歇。

三天后，可汗归来，迎请玄奘等人前往自己居住的大帐。大帐修造得十分富丽豪华。帐中群臣都异彩锦服，早早分两行坐了，等着陪侍远来的玄奘。玄奘走近大帐不远处，统叶护可汗已经亲自出帐迎接。突厥信奉的是拜火教，奉祀火神，因为木含火，所以习俗不用床具，只是席地而卧。考虑到法师的习惯，同时也是出于对玄奘法师的尊重，统叶护可汗特意命人制作了一张铁床，上铺褥子，请玄奘上坐。然后，分别请中原使节、高昌来人进入,交换国书以及信物,也让他们坐下陪侍。众人饮酒食肉,玄奘食素食,饮葡萄浆。演奏的音乐是蕃乐,蕃声俗调,嘈切错杂,玄奘听着,却也觉得别有一番情调。

在素叶逗留了几日,玄奘曾经为统叶护可汗等讲经说法。在辞别将行的时候,统叶护可汗也曾挽留道:"我看,法师也不必再去印度。热得死人的天气,十月里还像我这儿的五月。法师这般文弱白净的书生,到那里还不要被日头晒化!那儿的人,个个长得像怪物,又黑又丑,实在是没什么好看的。"玄奘回复可汗:"僧人往彼,也只是要去巡礼佛教圣迹,取得佛经而已。"可汗更不勉强,便令士兵寻访兼通汉语及梵文的人,最后找来了这么一位年轻人,就封他为摩咄达官,修下西去各国的国书,护送玄奘法师直到迦毕试国(在阿富汗境)。

从素叶出发,西行四百多里,到屏聿。这地方还有个很有些诗意的名字,叫千泉。千泉方圆数百里,四处可见池沼,遍地都是珍稀的奇花异木,空气里透着湿润凉爽,是统叶护可汗避暑的地方。再往西走一百四五十里,到呾逻私城(今哈萨克斯坦江布尔城);西南行二百里,到白水城(今乌兹别克斯坦塔什干东北);西南行二百里,到恭御城(塔什干东);南行五十里,到笯赤建国(今乌兹别克斯坦塔什干地区汗阿巴德);西行二百里,到赭时国(今乌兹别克斯坦与吉尔吉斯斯坦交界处);西行千余里,到窣堵利瑟那国(今乌兹别克斯坦撒马尔罕东北忽占之间);再之后又向西北,进入了一片大漠,这里没有水源,寸草不生,也没有任何路径,玄奘一行只能循着堆积的白骨,向前方进发。

又走了五百多里,一行人来到飒秣建国(即康国,在今乌兹别克斯坦撒马尔罕附近)。该国国境线一千六七百里,都城周长二十余里,人烟稠密。这里土地肥沃,物产丰富,四方宝货多汇聚于此,尤其盛产名马。

这又一个信奉拜火教的国度。国中虽然也有两所寺院，但很久以来就不再有僧人居住，而外地游方僧人路过投宿，被当地的百姓发现，便持火驱逐，不允许稍作停留。玄奘等人初到这里，国王也十分怠慢。过了一宿，在玄奘口吐莲花，向他们演说了人天因果、赞佛功德、恭敬福利等种种道理以后，国王竟然被他打动，愿意接受斋戒，而对于玄奘法师，也变得殷勤敬重了。

然而积习难改，国王一时态度的改变，也并没有使他的整个国家改变多年以来建立起来的宗教信仰。跟随玄奘的两个小和尚不懂得利害，私自走出去礼拜佛寺，结果遭到当地百姓的烧逐。他们仓皇逃回，将这事告诉了国王。国王下令缉拿肇事的人。人拿获后，国王又召集臣民百姓，要杀一儆百，砍了烧逐小和尚的这些人的双手。玄奘代为求情，国王便命令改用鞭笞，重打之后，将他们逐出了都城。

玄奘在飒秣建国的经历，再令人想起《西游记》里那个“敬道灭僧”的车迟国。因为二十年前的一场亢旱，僧人们念经无效，来了三个仙长，可以呼风唤雨，从此，车迟国国王拜三位妖道为国师，敬道灭僧，用僧人的话说：“把我们的寺拆了，度牒追了，不放归乡，亦不许补役当差，赐于那仙长家使用，苦楚难当！但有个游方道者至此，即请拜王领赏；若是和尚来，不分远近，就拿来与仙长家佣工。”也正是唐僧来了之后，由孙悟空除

兴都库什山

去三妖，国王才重新礼敬佛法。

从飒秣建国向西南，行三百余里，到羯霜那国(今乌兹别克斯坦撒马尔罕以南)；再西南行二百里，进入帕米尔西部山区地带。帕米尔高原自中国汉代以来被称为“葱岭”，高原上多生长野葱，山崖葱翠。根据相关资料介绍，帕米尔高原位于中亚的东南部，在中国的西端，地跨塔吉克斯坦、中国和阿富汗。“帕米尔”为塔吉克语，是“世界屋脊”的意思。高原由几组山脉和山脉之间宽阔的谷地和盆地构成，海拔高达4000~7000米，雪峰群立，喜马拉雅山脉、喀喇昆仑山脉、昆仑山脉、天山山脉、兴都库什山脉在这里汇结。高原分为东西两部分：东帕米尔地形较开阔坦荡，由两条西北—东南方向的山脉和一组河谷湖盆构成，绝对高度5000~6000米，相对高度不超过1000~1500米。西帕米尔则由若干条大致平行的东北—西南方向的山脉谷地构成，地形相对高差大，以高山深谷为特征。帕米尔高原是古代丝绸之路经过的地方，当时从塔里木盆地到高原上，要沿高原东缘的峡谷溯河而上，再翻越高原上的几条山脉，经过终年冰雪覆盖的山口，道路十分艰险。帕米尔高原属于高寒气候，是现代冰川作用的一个强大中心，约有1000多条山地冰川，自然景观垂直变化明显。

山行三百多里，过西突厥南境重要关塞铁门，到达活国(今阿富汗北部昆都士)。此为睹货罗国(即大夏、大月支，在兴都库什山与阿姆河上游之间)故地。国境周长二千余里，为突厥统治。境内风调雨顺，草木茂盛，花果丰富。居民信佛教，大小乘兼修。

这里是统叶护可汗的长子呾度设的地盘。呾度是高昌王的妹婿，玄奘他们到这儿的时候，高昌公主已经病死，呾度也染病在身。听说玄奘从高昌来，又有高昌王的书信，呾度说：“看到法师过来，我眼前一亮。法师请稍驻留，我如果病愈，自当亲自送法师到婆罗门国。”

那时本有个印度僧人在这里为呾度设治疗。经过治疗，呾度设病症渐轻，眼见将愈了。谁知高昌公主死后，呾度设新娶的第三任夫人与他原配夫人所生的儿子有了私情，年轻的夫人便暗中设计，用药毒杀了呾度设。此儿便篡位为设，并娶了后母。遭此国丧，玄奘也不得不在这里停留了一个多月。

活国有位僧人，法名达摩僧迦，曾经游学印度，整个葱岭以西地区都奉他为法匠。好学不倦的玄奘十分希望向他请教，便向人打听他究竟熟悉哪些经论。达摩僧迦的弟子们听说了这事，都感到愤愤不平。老师的气度毕竟要高出学生，他笑着对学生们说：“任何经论，我都能解，就让中国僧人随意提问好了。”玄奘既得知他不曾学过大乘经论，便就小乘经论《婆沙》等向他发问，不料他仍然有许多答不上来的地方。达摩僧迦的门生都因此感到十分惭愧。达摩僧迦却是心服口服，从此以后，见到玄奘便礼敬有加，还到处夸赞玄奘的学识人品。

新设已经即位，玄奘便打算起身，继续前行。新设对玄奘说：“南边有缚喝国(今阿富汗马扎里沙里夫以西巴尔赫)，北临缚刍河，人称小王舍城，是佛教的一个重镇，到处都是佛教胜迹。法师可以先到那儿随便看看，然后再走不迟。”此际正有缚喝僧人来活国吊慰，玄奘向他们征求意见，他们也都说：“我们马上回去，正可以结伴同行。到那里也是顺路，其实并不耽搁行程。”

小王舍城名不虚传，“郊郭显畅，川野腴润”，果真是一块风水宝地。这里的佛教事业也非常发达，寺院有上百所，僧徒有三千多人，都学的是小乘佛教。城外西南有纳缚寺，富丽庄严。佛堂内供奉有佛陀洗澡罐、佛齿、佛扫帚三件宝物，每当斋日请出，供僧俗瞻仰，据说遇到礼拜虔诚而又有缘分的人,宝物还能够感发出异样璀璨的神光。

在纳缚寺,玄奘遇到了一位慕名前来观瞻佛教胜迹的磔迦国小乘僧人慧性。慧性聪慧好学,少年英爽,禀赋过人,对佛乘九部、四含,钻研极深,在印度已经是颇负声名。他对于小乘经典《阿毗达磨》、《迦延》、《俱舍》、《六足》、《阿毗昙》等无不通晓。慧性听说玄奘从中国远道而来求法,也十分敬重。玄奘就自己学习经论中遇到的问题,向慧性提出了许多的疑问,慧性都一一耐心地进行了解答。玄奘用了一个多月的时间,跟随慧性学习了《毗婆沙论》。

这期间,有锐末陀(今阿富汗波尔克西南)、胡实健国(今阿富汗木鹿马里与缚喝巴里黑之间)的国王,听说有中国僧人在小王舍城,都派人前来迎接。盛情难却,玄奘也分别到了两国,并在那里做了短暂的停留。

与慧性法师结伴,玄奘由缚喝南行,进入揭职国(今阿富汗得哈斯城)。再由此往东南行,进入了大雪山(今兴都库什山脉的伊拉克斯奇山)。

据史料介绍,兴都库什山位于亚洲中南部,大部分在阿富汗境内,由数条东北—西南向的褶皱山脉组成,东起帕米尔高原南缘,向西南经巴基斯坦,延伸至阿富汗境内,长1200多公里,宽约50~350公里,平均海拔4000~5000米。兴都库什山山势雄伟,有“阿富汗的脊梁”之称,其最高峰蒂里奇米尔峰海拔7690米。该山地质构造上属阿尔卑斯—喜马拉雅褶皱山带,新构造运动活跃,地震活动频繁。从地貌上可分为东西两部,东部高大雄伟,平均海拔在5500米以上,发育有现代冰川,西部较低,山脉逐渐降低至800米。兴都库什山是印度河与阿姆河的分水岭,也是一条重要的气候和景观界线。山地有不少海拔较高的山口,如

巴米扬石窟西大佛

陶拉山口(海拔4500米)等，是重要的交通隘道。山区气温较低,常有暴风雪和泥石流灾害发生。

走了六百多里崎岖艰险的山路之后,玄奘等人进入了梵衍那国(今阿富汗巴米扬)。这仍然是一个典型的山中之国,国土东西长两千余里,全是山路,其艰险难行,并不比在沙漠、冰山之中好到哪里。这里整日阴霾密布,大雪也好像一直在纷纷飘洒,没见到有歇下来的时刻。人行走其中,就像走在没有边际的冰窟之中。《大慈恩寺三藏法师传》的作者在此感慨:“嗟乎,若不为众生求无上正法者,宁有禀父母遗体而游此哉!……法师今涉雪岭求经,亦可谓如来真子矣!”

几番跋涉之后,终于来到了梵衍那的都城。这里有十多所寺院,僧徒数千,学的是小乘出世部。梵衍那王迎接玄奘、慧性等到宫中供养,当地的僧人也对玄奘殷勤有加,引领着他们四处参拜观礼。王城东北山麓上,有一座高达一百五十尺的石雕佛像,格外引人瞩目。佛像东边有寺院,寺院东有石雕释迦牟尼立像,高达一百尺。寺内另有长一千尺的佛陀涅槃卧像。玄奘等人如入宝山,珍奇之物观之不尽。

在梵衍那都城停留了半个月，玄奘、慧性仍然意犹未尽，但也不得不眷眷不舍地告辞离去。二日后，在漫天大雪的天气里，面前又歧路纷出，玄奘等人迷失了方向，辨不清哪条才是该去的道路。他们到了一座小沙丘前，幸好遇到一位猎人，便向猎人请教了路径，随后按照猎人的指引翻越黑山(今阿富汗境内之锡雅柯山)，到了迦毕试国(今阿富汗以北)。

迦毕试国国境线长四千余里，北靠大雪山。国王为刹帝利种姓，是一位英明的君主，极富韬略，统治着十多个小国。王城有寺院上百所，各院竞相邀请玄奘到他们那里挂锡。有一座小乘寺院叫沙落迦寺，传说是汉朝天子在这里做人质的儿子所建，该寺的僧人有充足的理由，坚持玄奘先到他们那里。他们说："我寺原本就是汉天子的儿子所造，今法师从汉国来，理当先入住我寺。"玄奘看到他们殷切诚恳的样子，又因为同伴慧性法师为小乘僧人，不大愿意住在大乘寺，便先去了沙落迦寺。

沙落迦寺在建寺的时候，于寺院东门南边大神王的足下，埋藏了大量的珍宝，原打算为寺院将来修补时使用。据说，在不久以前，有位贪暴的恶王，率领大军，欲来劫宝，正要命人发掘的时候，发生了一场地震，神顶的鹦鹉鸟雕像振羽惊鸣，恶王及其众军因此被吓退。寺院中僧人正要修缮佛寺，巧遇汉国僧人到来，便请玄奘前往祷告通陈，埋藏珍宝的宝窟果然如愿开启，僧人们取出了黄金数百斤、明珠几十颗。

王城西北二百余里，便是大雪山。山顶有龙池，据说人们到此祈雨求晴，格外灵验。关于龙池，还有这样一个传说：很早以前，有位健驮罗国的高僧，常常得这龙池中龙王的供养。高僧不时带着他的侍者到龙宫做客，龙王以天甘露给高僧吃，而给他的侍者吃人间之食。这天，侍者一如往常地洗涤餐具，他看到师傅的盘里剩有残粒，觉得弃之可惜，便捏了起来，放入口里。谁知不吃则罢，这一吃，顿觉香美无比，非人间能有。侍者为这种不公的待遇感到羞愤，他发誓要杀了龙王，取而代之。回到寺里，侍者更虔诚发愿。一天夜间，侍者死去，转生为大龙王，来到龙池，杀了龙王，占据了它的龙宫，拥有了它的所有部属和财产。因为前生的怨愤，侍者龙王常起暴风雨，摧拔树木，欲毁寺院。当时的迦腻色迦王感到奇怪，就向高僧询问。高僧遂将这宿世冤孽告诉了国王。于是，国王虔诚地在雪山下为新龙王修建了寺院，筑起一座百多尺的高塔。但新龙王宿愤难平，依然兴风起雨，毁坏寺塔。国王火了，率领大军，御驾亲征，欲捣毁龙宫，填平龙池。新龙王害怕了，变成位老婆罗门，来到国王身边，站在他坐骑的大象下，恳求国王："国王您多世修行，种植善因，得为人间之王；率土之滨，莫非王臣，为何今天却要与小龙交争？龙者，畜生也，极卑下丑恶的东西，但神力无比，不可和它去强争。国王兴举国之兵与一龙斗，胜了，没有伏远的威风；输了，却有不敌的耻辱。我建议国王，您应该撤退为是。"国王拒绝了它的建议。龙王回到池中，便呈神威，闪电霹雳，黑云雾霾，狂风拔木，飞沙走石，国王的军队惊骇恐惧，无力作战。国王真诚祷告，求佛保佑，两肩生出大火。龙王退去。国王一声令下，众军担石填池。龙王再变为婆罗门，又来到国王跟前，哀求道："我便是池中龙王。现在我向您投降，希望仁慈的国王赦免我的罪孽。大王您慈悲享名，天下都得您的阳光沐浴，为什么单单对我却要加害呢？"国王遂与龙王订立盟约，日后再有凌犯，决不饶恕。国王于是再修寺院，重建佛塔。这则故事，对于《西游记》中龙宫龙王的描写，应当有所启发。

再说玄奘，赶上僧人坐夏的时节，也便在寺中随着坐夏。迦毕试国王素来看不起小乘的作法念咒，他笃信大乘教法，喜欢听大乘讲诵经论，于是请玄奘与慧性来到一所大乘寺院。这里众僧云集，正准备举办一个辩经大会。在到来的僧人中,有大乘三藏僧如意声、萨婆多僧圣胄、弥沙塞部僧德贤,都是当地有名的僧界领袖,各有专攻,但像玄奘这样众部精擅、学问渊博的,还没有第二人。一时间玄奘便成了论主,各部纷纷向他发难置疑,玄奘娓娓道来,思路清晰,说理透彻,有条不紊,因此很快赢得了众僧的信服。辩经五日,功德圆满,方才结束。国王对玄奘的出众表现也钦赏有加,赠他厚礼——纯锦五匹,作为褒奖。辩经会之后不久,慧性法师为睹货罗王请回,与玄奘作别。

慧性法师离去之后,玄奘也很快又踏上了征程。他东行六百余里,翻过黑岭,到了滥波国(今阿富汗东北拉格曼省)。这里有伽蓝十所,僧徒都习大乘教。玄奘在此逗留三日,又南行,来到一处不大的丘陵,岭上有佛塔,传说是佛陀由南来的时候,步行到了这里,曾在此伫立眺望,后人为了纪念,建立该塔。

来到佛国

贞观二年(公元628年)十月中旬前后,玄奘从滥波国南行二十多里,下了丘陵,渡过一条河流,来到那揭罗喝国(当时属北印度,今为阿富汗贾拉拉巴德),终于算是进入了当时的印度境内,迈进了佛国的门槛。《大唐西域记》描述了初进佛国时玄奘的感受:

那揭罗喝国东西六百余里,南北二百五六十里,山周四境,悬隔危险。国大都城周二十余里。无大君长主令,役属迦毕试国。丰谷稼,多花果。气序温暑,风俗淳质。猛锐骁雄,轻财好学。崇敬佛法,少信异道。伽蓝虽多,僧徒寡少,诸窣堵波荒芜圮坏。天祠五所,异道百余人。

应该说,佛国给玄奘的第一印象还相当不错。位于那揭罗喝国都城东南部,是一座高三百尺的佛塔,据说为释迦牟尼"敷鹿皮及布发掩泥

印度窣堵波群

得受记处";又西南十多里,有"佛买花处"遗迹。东南行十多里,过沙岭,有佛顶骨城。城中有重阁,第二阁中有七宝小塔,如来顶骨便安放其中。顶骨周长一尺二寸,发孔分明可见,颜色呈黄白色,用宝匣盛放。据说,当地的人们想要卜知自己的前途吉凶,便研磨香末为泥,用帛练包裹了,印在佛骨上,根据所得纹样,便可以预知。入乡随俗,玄奘也如法炮制,印出的图案是菩提树像。跟随他的两个小和尚,稍大点的得到了佛像,年龄小的得到了莲花像。看守佛顶骨的婆罗门见状,笑容满面,向玄奘弹指散花,贺喜祝福,说:"法师所得图案,极为稀有,足以表明您有菩提缘分。"另有骷髅骨塔,呈荷叶状,有佛眼、佛僧伽胝、佛锡杖等,玄奘一一礼拜观瞻,极尽虔诚,并施金钱五十、银钱一千、绮旛四口、锦两端、法服二具,而后离去。

听人说起,在灯光城西南二十里,有瞿波罗龙王洞窟,洞内有如来佛降伏孽龙后留下的身影,玄奘便决定绕道前往礼拜。因为前去的路途十分偏僻，常有盗贼出没，日久月深，便成了荒凉之地。随从的迦毕试国翻译，既怕冒险，也希望能早点抵达印度，担心因此误了行程，不愿节外生枝，过多地停留，便劝说玄奘不去为好。耳闻不如眼见，既已听说能见到佛祖的真身留影，玄奘更焉有不去的道理，他让随从翻译先行一步，约定会合的地点，自己去去就回。

玄奘到了灯光城，想找个人带路，竟无人肯去。后来见到一个孩子，说他就住在寺庄的附近，可以带玄奘先到寺庄那儿，玄奘便随他前往。寺庄内有位老人知道路径，答应带玄奘前去参礼。

果然，佛国似乎也不太平。玄奘行不几里，竟真的遭遇到了五个盗贼，横刀站在路边。玄奘脱下帽子，露出僧服，表明了自己的身份。盗贼问："和尚要去哪里？"玄奘回答："想去礼拜佛影。"盗贼说："和尚难道没听说这儿贼多吗？"玄奘回答："贼人，也是人。我今为了礼佛，纵然猛兽满路，尚不惧怕，何况各位檀越都是人身呢！"盗贼被玄奘的言辞打动，竟提出要陪玄奘一同前往。

很快就到了龙窟所在的地方。窟在石涧东壁，门对西开。探首一看，一片漆黑，深不见底。引路的老人说："法师进去，径直向前走，约五十步，触着了墙壁，朝正东看，佛影就在那儿。"

玄奘按照老人的吩咐，进入窟中，果如所言，约走五十步，便到了尽头。然后至诚礼拜，足足拜了百余拜，依然一无所见。玄奘感到十分懊恼，自责因为俗障太多，所以不能看见佛影。于是更加虔诚地礼诵《胜鬘》等经以及诸佛偈颂，一边赞颂，一边礼拜，又是百余拜。这时，东壁上仿佛出现了钵样大的光影，倏忽即灭。玄奘于是再拜，壁上便出现盘一样大小的光影，稍现又灭。于是又二百余拜，终于满窟光明，如来影像皎然分明，其左右及背后，并有菩萨圣僧之像。玄奘叫门外六人赶快带了火种进来，烧香礼拜。有火，光影即灭，灭了火种，光影再现。

这段故事，见于《大慈恩寺三藏法师传》记载，在玄奘的门徒，当然有为了神化自己的老师，故意张皇其辞的地方。按照现代人的解释，光影也无非为一种物理上的光学反应，并没有什么神秘，如是而已。五个强盗在玄奘的循循善诱之下，又见此“灵验”，大约是受到了心灵的震撼，也毁弃了刀杖，愿意受戒信佛。所谓放下屠刀，立地成佛。说到底，仍是受到了玄奘法师的感召所致。

从龙窟返回，玄奘再与伴从汇合，向东南行，走了五百里山路，来到健陀罗国(今巴基斯坦白沙瓦市西北)。该国东临印度河，都城号布路沙布罗，是一个诞生圣人的地方。佛教史上许多鼎鼎大名的人物，如那罗延天、无著、世亲、世友、法救、如意、协尊者等人，都出生在这儿。印度佛教大乘有宗的创始者便是无著、世亲兄弟。玄奘西行求法，主要的也是要求取此大乘有宗经论。然而，对于这样一个重要的地方，玄奘却好像失去了刚进入佛国时的那股兴奋。《大唐西域记》中对健陀罗国的描述颇显平淡，评价也似乎不高：

邑里空荒，居人稀少，宫城一隅有千余户。谷稼殷盛，花果繁茂，多甘蔗，出石蜜。气序温暑，略无霜雪。人性恇怯，好习典艺，多敬异道，少信正法。自古以来，印度之境……僧伽蓝十余所，摧残荒废，芜漫萧条。诸窣堵波颇多颓圮。天祠百数，异道杂居。

东北行百余里，渡过喀布尔河，玄奘等来到达布色羯逻伐底城(今喀布尔河北岸哈什塔那加罗)。城东有一座佛塔，为“过去四佛说法”的场所；城北寺院内，有高二百余尺的佛塔，乃佛本生故事中的千生舍眼

白沙瓦博物馆藏
“树下诞生图”浮雕

处。遍布的佛教胜迹,令玄奘大饱眼福。从高昌国带来的金、银、绫、绢、衣服等等,在所到的大寺院、大佛塔处,玄奘都要分留一些,以申达自己的虔诚。

接着东南行二百多里,到跋虏沙城(在布色羯逻伐底城西四十里处)。又东南行,来到乌铎迦汉荼城(今巴基斯坦阿托克北边)。向北行六百余里,来到乌仗那国(今巴基斯坦西北边境省杜西里山西北)都城瞢揭釐城(今杜西里山西支脉上,斯瓦特河左岸)。由城东行二百五十里入大山,这儿是苏婆伐窣堵河上源阿波逻罗龙泉。龙泉西南三十里,传说是佛陀降伏阿波逻罗龙的地方;顺流而下二十多里,有如来佛濯衣石,石上有袈裟条叶纹样。城南四百余里到醯罗城,是如来闻半偈、报药叉之恩舍身下处。瞢揭釐城西行五十里渡过大河,到卢醯呾迦佛塔,塔高十余丈,是如来作慈力王时,以刀刺身饲五药叉的地方。城东北三十余里,到遏部多石佛塔,这里是佛陀为人、天说法处。

周边巡礼已毕，玄奘回到乌铎迦汉荼城，南渡印度河，到呾叉始罗国(今巴基斯坦拉瓦尔品第州近处)。城北十二三里处有佛塔，是阿育王建造的释迦牟尼舍头纪念塔；塔侧有寺院，是经部论师拘摩逻多写经论的地方。从呾叉始罗国北界渡印度河，东南行二百多里，过大石门，观礼摩诃萨埵王子舍身饲饿虎遗迹。从此往东南，山行五百余里，到乌剌尸国(今巴基斯坦东北境)。又东南行，登危险，过铁桥，走了千余里，到迦湿弥罗国，此时已近残岁年关。

迦湿弥罗国位于今克什米尔印度控制区的斯利那加，周长七千余里，群山环抱，山势险峻，易守难攻，所以自古从未曾被邻敌攻下。国都南北十二三里长，东西四五里宽，西邻喀布尔河。当地气候寒冷，多雪少风，土壤肥沃，适宜种植，多花果，出龙种马、郁金香、火珠、药草。这里土俗轻僄，人多懦弱，容貌妍美，性情诡诈，好学多闻，兼信邪正。

传说中，迦湿弥罗国原本是一片汪洋，在佛陀涅槃后的第五十年，阿难的弟子末田底迦阿罗汉教化了龙王，使它施舍出这块地方，修造五百所寺院，召集众位佛界圣贤来此。

还有一种说法：无忧王起初深信三宝，爱育生灵，国中有五百罗汉僧，五百凡夫僧，都得到他的敬仰，供养也很周到。当时有位凡夫僧，富有思想和智慧，悉心钻研，深思立论，其见解有违当时主流的佛教理论，但追随他的僧徒却很多。这下子惹恼了无忧王。他便下令，聚集众僧，将他们带到殑伽河，要对他们集体屠戮。众罗汉性命攸关，协力运其神通，凌空翱翔，来到了这里，在山谷之中隐遁。无忧王为眼前的一幕震惊，深感有眼不识泰山，唐突圣贤，遂亲身前来谢罪，请他们回到本国。众罗汉坚决不从，无忧王不敢勉强，便在这里修造了五百座寺院，异地供养。

在佛陀寂灭后第四百年，迦腻色迦王时代，由胁尊者倡议，组织了内穷三藏、外达五明的大德四百九十九人，与尊者世友共五百人，还曾在这里举行了第四次结集：造十万颂《邬波弟铄论》，释《素呾缆藏》；造十万颂《毗奈耶毗婆沙论》，释《毗奈耶藏》；造十万颂《阿毗达磨毗婆沙论》，释《阿毗达磨藏》，共三十万颂，九十六万言。然后，健陀罗国迦腻色迦王以赤铜金属片雕写其文，用石函封记，建大佛塔安置。

迦腻色迦王死后，有讫利多种称王，一反迦腻色迦王的崇佛，斥逐僧徒，毁坏佛法。睹货逻国雪山下王闻知，遂招集国中勇士三千人，伪装为商旅，带了很多的金银宝贝，暗藏兵器，来到该国。讫利多种王财迷心窍，盛情接纳。雪山下王于商旅中再精选五百勇谋兼备的兵士，各自袖藏利器，带着重宝，向讫利多种王王宫进发。到了宫中，雪山下王脱去帽子，竟坐上了讫利多种王的宝座。讫利多种王惊诧中，项上人头早已落地，身首异处。既灭其王，雪山下王乃重召僧徒，修造寺院，一切如故。

迦湿弥罗国是一个重要的佛教圣地。国内有上百所寺院，五千多名僧人。四座佛塔修造得雄伟壮丽，四座塔内都安置有升余的如来舍利。

就在玄奘刚刚进入迦湿弥罗国国境西界门户石门的时候，国王所派遣的由他弟弟率领的车马，已经迎了过来。在有关人员的陪同下，玄奘先到各所寺院观礼参拜，然后向国都进发。

都城咫尺在望，玄奘抵达一所达摩舍罗(类似接待站)时，国王率领群臣与都城内的僧人已经在此迎候。一眼望去，黑压压的人群，羽从有千余人之众；幢盖、香花摆满了所有的道路，欢迎的气氛十分热烈。玄奘与国王相见，国王亲自献上香花，尔后请玄奘乘坐大象，进入国都。

来到王城，玄奘先被安置在阇耶因陀罗寺。这是国王的舅舅所造的寺院，也算得上是一座“御寺”了。次日，玄奘被请入宫中接受供养，有大德僧称等数十人在座作陪。用过斋饭，国王就请国中高僧开讲，让玄奘发问质疑。考虑到玄奘远来求法，抄写经论的需要，国王又特意给他安排了二十位书手，还派了五人，供他差遣使唤。一切费用，都由国家财政划拨。

僧称法师是位高行大德之人，他持戒淳谨，有渊博的学问和精湛的思想见地，又爱贤重士。对于远方到来的贵客，他给予了十分的热情。玄奘向他请教了方方面面的问题，他都不厌其烦地做了尽可能周详的解答。这时，僧称也已年近古稀，精力已衰，但出于对玄奘的欣赏和遭逢异国才俊的高兴，他鼓其余勇，为玄奘讲解经论，正午前讲《俱舍论》，正午后讲《顺正理论》，初夜后讲《因明》、《声明论》，精神之健旺，令人称奇诧异，虽青壮年辈都自愧弗如。玄奘领悟能力超人，听着僧称的讲解，也很快都能接受，他昼夜苦学，尽数掌握了僧称的思想神髓。对于这外国的同道、忘年的小友，僧称喜爱非常，他常对众人讲："这位中国人智力宏赡，出类拔萃。依老衲看来，就是在你们众人中，也还没有人能够和他比肩并驱的。以他的明懿，足可以继武世亲兄弟的事业。可惜不生在我国，不能为我国发扬圣贤的遗芳啊！"

在座的僧人中，有大乘学僧毗戍陀僧诃、辰那饭荼，有萨婆多部学僧苏伽密多罗、婆苏密多罗，有僧祇部学僧苏利耶提婆、辰那呾逻多等人，他们都是迦湿弥罗国僧界的精英，才解英富，道业坚贞，虽不能和僧称比并，但也算得上人中龙凤，数得着的人物，看到国中教内的宗师如此褒奖玄奘，他们心中不服，都竭尽所知，向玄奘质疑诘难，玄奘从容应对，回答流畅，诸贤也终于心服口服。

在迦湿弥罗国，玄奘停留了大半年的时间，学习了各种经论，参礼了佛教胜迹，大约在贞观三年(公元629年)秋季离去。他向西南行，翻山越涧，走了七百里，到半笯嗟国(今克什米尔朋奇)。再由此东行四百多里，到曷罗阇补罗国(今克什米尔西南拉加奥利)。由此往东南，下山渡水，行七百多里，到磔迦国(今巴基斯坦旁遮普地区)。奢羯罗城(今锡亚尔科特)是世亲菩萨作《胜义谛论》的地方，城中有座高二百尺的佛塔，是“过去四佛说法”之处。

出了那罗僧诃城，向东而行，玄奘及其随从来到一处名叫波罗奢的大森林，他们在这里遭遇了五十多人的强盗团伙，所带的衣物费用被洗劫一空。强盗不仅劫财，还要害命，他们将玄奘等人赶进了一处干涸的池中，要进行集体杀戮。池中长满了荆棘藤萝，随从的小和尚机灵，藏身在荆棘丛中，四处观察，发现靠南岸的地方有一个洞穴，仅仅容得下一人过去，他悄悄告诉了玄奘，二人一起从这里仓皇逃出。他们向东南方向走了大约二三里，遇到一位正在耕地的婆罗门，便向他诉说了被劫的事情。婆罗门十分吃惊，当即解牛交给玄奘，然后向村子吹起了螺号。村民击鼓号召，聚集了八十多人，都操起器杖，向枯池方向奔去。盗贼见村民人多势众，只得分散逃进了林中。玄奘到池中为众人解开绳缚，又将村民施舍的衣服分给大家，众人互相搀扶，投奔村子里歇宿。劫后余生，惊魂未定，众人都悲泣神伤，玄奘却显得十分高兴。随从众人问道：“行路的衣资被洗劫一空，捡了条性命，已是窘迫异常，大家都在悲伤，法师好像非但没有忧愁，还如此好的兴致，叫人不可理解。”玄奘回答：“人生最宝贵者，无过于生命。性命既然还在，其他还要有什么忧愁呢！我国俗语说：‘天地之大宝曰生。’生命在，则大宝就没有丢失。小小衣资，有什么好吝惜的？”随从众人听了玄奘法师一番话，顿时开朗，也感慨法师胸襟的宽广，非常人所能相比。

次日他们进入磔迦国东部地区，来到一座大的城邦。城西路北是一处很大的庵罗树林，林中住着位据说有七百岁的婆罗门，但看起来也就三十来岁的样子。他的两位侍者,据说也都有百多岁的年纪。这婆罗门体格魁梧,学问很好,有着精湛的理论见地,对《经百论》、《广百论》都有深入的研究,尤其精于《吠陀》等书。婆罗门见到玄奘,十分高兴,他听说玄奘一行刚刚遭遇了盗贼,便差遣一位侍者到城里去,叫信佛的人家为玄奘一行做饭。城中人口数千户,信佛的少,信外道的多。玄奘法师在迦湿弥罗国的声誉早已传到了周边的国家,所以侍者就遍城告唱,晓谕市民:"中国僧人在我们近处遭劫,衣物一空,诸位都听明白仔细。"受到感召,外道信徒也生欢喜之心,当时就有三百多位慷慨豪杰之士,各自带了毡布、饮食,恭敬前来,致敬慰问,施舍玄奘。玄奘为他们祝愿,向他们讲说因果报应的故事,来人纷纷要放弃外道,改信佛教大乘。玄奘在这里停留了一个月的时间,学习了《经百论》、《广百论》。

东行五百余里,又是一个岁末,玄奘来到了至那仆底国(今印度旁遮普邦费罗兹普尔)。关于这个国家的由来,有这样一段故事。据说还是在迦腻色迦王的时代,该国势力十分强大,威震邻邦。中国西域也畏惧它的雄威,送来王子做人质。迦腻色迦王对中国人质赏遇非常隆厚,不同的季节,安排了不同地方的馆舍,还派出专门的士兵守卫。而这至那仆底国,便正是中国人质在冬天所居住的地方。因中国人质所居,谐音支那,故名至那仆底。

在至那仆底国,玄奘驻锡在突舍萨那寺。寺里有位高僧叫毗腻多钵腊婆,仪表堂堂,精于三藏,著作有《五蕴论释》、《唯识三十论释》。玄奘在这里住了四个月,从毗腻多钵腊婆学习《对法论》、《显宗论》、《理门论》等。

贞观四年(公元630年)夏初,玄奘一行继续进发,往东南行五十多里,到答秣苏伐那僧寺院,前代僧人迦多衍那论师曾在这里完成了他的著作《发智论》。改东北行，走了一百五十里，到阇烂达那国（今印度旁遮普邦贾朗达尔），驻锡那伽罗驮那寺，寺中有高僧旃达罗伐摩，对三藏造诣很深，玄奘在此停留四个月，随他学习《众事分毗婆沙》。后又继续东北行，七百余里，到屈露多国（今印度北部西姆拉西北）；改南行，七百余里，越山渡河，到设多图卢国（今印度旁遮普邦莎特累季河流域）；西南行八百多里，到波里夜呾罗国（今印度北部邦贝拉特地区），进入了中印度领域。

大难不死

贞观四年(公元630年)秋末,玄奘一行从波里夜呾罗国东行五百余里，来到古代印度十六大国之一的秣兔罗国（今印度马土腊西南马霍里)。在玄奘之前,我国东晋时期,法显大师就已经到过这里，当时这儿有寺院二十所,僧人三千。玄奘来到这里的时候,虽然寺院不少,僧徒却仅有二千余,从这里可以看出,印度的佛教,似乎已不如从前兴盛。而踏着先行者的足迹，玄奘心中倍感亲切。这里有着释迦牟尼几位弟子的舍利塔,每年修福的日子,僧徒们

印度秣菟罗考古博物馆藏笈多时期佛头像

按照自己的修业，各自选择供养，倒是十分有趣的事情。

由此向东北行五百余里，到萨他泥湿伐罗国(今印度旁遮普邦塔内沙尔)。再东行四百余里，约在冬初，玄奘一行来到窣禄勤那国(今印度北部罗塔克以北)。窣禄勤那国东临殑伽河(今恒河)，北靠大山，阎牟那河(朱木那河)从中间流过。国周长六千余里，看起来很有些荒芜，但城墙坚固，修缮完好。当地人质朴淳厚，崇尚学艺。该国有寺院五所，僧徒千余人，多修小乘。有天祠百所，多异道之徒。在这里，玄奘曾师从阇耶毱多，向他学习《经部毗婆沙》。

贞观五年(公元631年)初春时分，玄奘渡河东进，来到秣底补罗国(今印度北部罗希尔坎德的曼达瓦尔)。国周长六千余里，都城周长二十余里。国王是戍陀罗种姓，不信佛教，敬事天神。国民崇尚学艺，娴熟于咒术。国中有寺院十多所，僧徒八百多人，学小乘一切有部。

都城南四五里，有一所不大的寺院，前代高僧德光法师曾在这里完成了他的《辩真论》等经论约百余部。德光原本修大乘佛教，后改习小乘。该寺院向南三四里，有一所较大的寺院，是前代高僧众贤论师寿终的地方。众贤为迦湿弥罗国人，博学多才，精于一切有部《毗婆沙》。当时，世亲作《阿毗达磨俱舍论》，将《毗婆沙》批驳得体无完肤，为西域僧徒崇仰，众贤为了重振《毗婆沙》思想，花了十二年的时间，殚精竭虑，撰写了《俱舍雹论》二万五千颂，八十万言，决心要与世亲当面一决高下，可惜宏愿没有实现，就已经老病而死，赍志以殁。后来，世亲读到了他的这部著作，也感慨他书中见地的精到，认为在思力上，并不次于《毗婆沙》，便为之更名曰《顺正理论》，后以此名行世。在众贤塔附近，又有佛塔，是为纪念前代僧人毗末罗密多罗论师(无垢称)修造。

窣禄勤那国有位高僧密多斯那，已经九十高龄，是德光论师的弟子，精熟于三藏经论。玄奘便跟从他学习萨婆多部的《辩真论》、《随发智论》等，前后用了半春一夏的时间。

夏末，玄奘又北行三百余里，到婆罗吸摩补罗国（今印度北部迦尔瓦尔地区）；东南行四百余里，到瞿毗霜那国（国境约在今卡昔浦尔、拉姆浦尔、比利毕特地区）；再东南行四百余里，到垩醯掣怛罗国（今印度北部拉姆那加尔）；南行二百余里，渡过恒河，向西南到达毗罗删拏国（今印度北部别尔沙尔）；东南行二百余里，到劫比他国（今印度法鲁卡巴德）。

劫比他国周长二千余里，国都周长二十余里，有寺院四所，僧徒千余人，都修小乘正量部法。另有十所天祠，杂居着异道徒，他们信奉的神灵为大自在天。劫比他国都城东去二十余里，有一所雄伟庄严的寺院，寺内有三宝阶，南北成列，据说是佛陀在忉利天为摩耶夫人说法完毕，归赡部洲降临的地方。三宝阶中间为黄金铺地，左为水精铺地，右为白银铺地。传说如来佛率领诸天众在三宝阶蹑中阶而下；大梵天王位右，手执白拂，踏着银阶而下；天帝释持着宝盖，位左，踏着水精阶而下。玄奘到此观礼，所见到的一律是砖石垒造、用杂宝装饰、高七十余尺的建筑，上筑精舍，中间石雕佛像，左右是释、梵之像，旁边有高达七丈的石柱。在三宝阶不远处，是优钵罗比丘尼化作转轮王、拜见佛陀的地方。

从此向东南，行二百里，来到彼时正称霸五印的普西亚布蒂王朝戒日王的国家羯若鞠阇国（即女曲城，位于今印度恒河与卡里河合流处）。羯若鞠阇国周长四千余里，都城西临殑伽河，长二十余里，宽四五里。城池雄伟，固若金汤。城内高楼台阁，鳞次栉比；花木繁茂，池沼潋滟；物产丰富，百姓富足。当地风调雨顺，风俗淳朴，人们喜好修饰，穿着锦绮；笃学游艺，好清谈阔论。城中有寺院百余所，僧徒万余人，大小乘兼修。另有天祠二百余所,异道徒也有数千人。

关于女曲城,有这样一个传说。很久以前,有一位仙人,就住在恒河岸边。仙人修炼的时候,栖神入定,形如枯木,长达万年之久。飞来飞去的禽鸟都误以为这是一棵枯树,便纷纷栖息在他的身上。飞鸟衔来的树种掉在仙人的身上,也发芽长大,暑来寒往,年复一年,竟长出了参天大树。繁枝密叶中,鸟儿搭起了许多鸟巢。这里已成了禽鸟的乐园。当仙人从入定中醒来的时候,想要起身,又怕大树倾倒,毁了鸟巢,所以迟迟不肯离去。人们都赞赏仙人的道德高尚,给他起了个动听的名字,叫大树仙人。

但就是这“高尚”的大树仙人,有这么一天,看到了国王的一群女儿在河边嬉戏,竟起了凡心俗念。也顾不得毁巢之下不复有完卵存在,竟起身来到了宫中,提出要会见国王。国王听说大树仙人离开了河岸,来宫中拜会自己,大吃一惊,更不知发生了什么重大的事情,便赶忙迎了出去,说道:“大仙一向栖情物外,不染烟火,今日却为何轻易改变了习惯,肯光临我们这俗世凡间?”仙人说:“我栖息在丛林中,很有了些年头。出定的时候,看见了国王的几个爱女美丽妖娆,竟动了凡念,远道而来,为的是请求做成这门亲事。”国王闻听,惊出了一身冷汗,一时不知说什么话好,更不敢回绝,于是对仙人说:“暂请仙人回驾,我这里也好准备,等到了吉日良辰,自然亲自将小女送去。”

仙人回去了,国王却深为这事犯愁,他征求众爱女的意见,问了百位女儿中的九十九位,却无一人肯嫁给大树仙人。国王慑于仙人的神威,自然不能拒绝,于是整日里愁眉不展,心事重重。一天,国王最小的女儿察觉出了父王的异常,父王闲暇的时候,她问道:“父王为一国之君,有千子百女,为万国慕化,还有什么不足,又为着什么事情忧愁?”国王说："大树仙人来我国求婚，要娶公主，你的姐姐们无人肯答应这事。仙人随意间便能够降祥降灾，他若不顺心，一旦发怒，便是国毁人亡，不堪设想。到了那时，为父岂不愧对列祖列宗！"幼女深深地向父亲致歉，主动请缨，说："令父王有此忧愁，是我们姐妹的罪过。希望以我的卑微身躯，来保护我们的国脉得到延续。"

阿育王石柱

国王出于无奈，也只得将幼女送给大树仙人。仙人见送来的竟是如此幼女，心中极不快活，说道："如此轻慢老夫，怎地将此等丑陋女子送我？"国王说："我问遍了诸位小女，也只有我这幼女，肯听从我的旨意。"仙人发怒了，他念动咒语："九十九女，一时腰曲，形既毁弊，一世无婚。"等到国王回宫，见到了自己九十九位爱女，原本如花似玉的女儿，这时竟真的个个变得腰曲背驼，丑陋不堪。从此以后，这国家也有了新的名字，叫女曲城。

这离奇怪诞的神话中所塑造的大树仙人，显然并非什么圣人。但这古老的故事，也正表现了人类早期匍匐在大自然的脚下，对于自然界的种种变异是何其的无奈。

羯若鞠阇国王为吠舍种姓，原国王名喜增，是位仁慈爱民的君主。当时印度羯罗拏苏伐剌那国的国王设赏迦王，嫉妒喜增的英明才略，怕他日后会成为周边国家的隐患，便将他骗出杀害。女曲国经过群臣公议，达成共识：立喜增的弟弟戒日为王。戒日王雄姿英发，人才出众，富有韬略，目光远大，其德行信义都为人所称道。他即位以后，韬光养晦，壮大国力，用了不太久的时间，先是报了杀兄之仇，又随着势力的发展，逐渐控制了整个印度。于是戢武修文，弘扬佛教，敕令境内不得杀生，所有百姓全部食素，并广建寺院，每年三七日供养众僧，五年举办一次无遮大会，将府库所存财物，尽行施舍。

玄奘来到女曲城国，驻锡在跋达罗毗诃罗寺。因为从毗离耶犀那三藏学习佛使《毗婆沙》及日胄《毗婆沙》，前后住了三个月的时间。

由女曲城国向东南，走六百余里，渡过恒河，往南便是阿逾陀国（今印度法特普尔阿普依）。国中有寺院百余所，僧徒数千人，大小乘兼修。都城中有一所古老的寺院，是世亲法师撰写他的大小乘经论，并为众人讲经的地方。城西南五六里处，另一所古老的寺院，是无著法师讲经说法的地方。据说无著法师夜升兜率天（俗世所谓的天国），从弥勒菩萨学《瑜伽论》、《庄严大乘论》、《中边分别论》，白天则为天下众生说法。无著、世亲兄弟是印度佛教史上重量级的人物，著述宏富，影响深远，主要著作有《摄大乘论》、《显扬圣教》、《对法》、《唯识》、《俱舍论》等。能够亲自来到诞生佛学大师们的圣地，参礼他们的遗迹，玄奘油然而生一种崇高景仰之情。

在阿逾陀国观礼了圣迹，沿着恒河，玄奘与八十多人乘船东下，准备到阿耶穆佉国（今大致位于印度的阿拉哈巴德西北）。船行约百余里，来到一个地方，但见沿河两岸，蓊蓊郁郁，密密麻麻地长满了阿输伽林。船正在行进中，突然见到前方两岸林中，放出二三十条船来，接着有数不清的盗匪，喧嚣怪叫，迎着玄奘他们划船过来。玄奘所乘的船上，一时间一片惊恐，慌乱中，甚至有人跳进了汹涌湍急的河流中。盗匪们轻而易举地将玄奘一行一齐拿下，拥向岸上，喝令众人脱去衣服，搜寻珍宝。

这伙盗匪信奉突伽神，每年秋天，要寻找一位英俊出众的人来，杀取其血，用来祭祀他们的神灵。因为见到玄奘长得俊俏、齐整，正符合他们祭神的标准，便欣喜若狂，亢奋地相互转告："我们祭神的时间都快错过了，迟迟没找到合适的牺牲。现在这和尚如此俊美，杀了他祭神，再吉祥不过了。"

玄奘听了这话，暗暗吃惊，料想着此劫决难逃过，表面上仍显得十分镇定。他对盗匪说："以玄奘丑陋的身躯，能够充作你们祭祀的牺牲，实在是不敢吝惜。但僧人远道而来，志在往灵山参拜菩提，求取经法，此志未遂，就被各位擅越杀了，恐怕也不算吉利。"同行船上的众人也纷纷向盗匪求情，还有人愿意替代玄奘来作牺牲，但盗匪们却丝毫不为所动。

盗匪坚持要用玄奘来作祭祀的牺牲。匪首令匪徒取了水来，就在华林中和泥涂扫，整地设坛；然后令二匪牵扯了玄奘上坛，便要开刀问斩。玄奘依然是那样镇定，未显露出任何的慌乱，他从容地对盗匪说："不要逼迫太紧，再给我点时间，好让我安下心来，可以欢喜地离去。"匪首同意了，玄奘便专心一意念慈氏菩萨，只求转生能到兜率天去，侍从弥勒，学习《瑜伽师地论》，听闻菩萨传授妙法，成就通慧；再来尘世，教化匪徒，令其舍弃恶业，自己可以实现今生未卒的广宣诸法、利安一切的使命。作为一个宗教信徒，玄奘这一切所为，都自然而然；但死到临头尚能如此大义凛然、从容镇静，却非一般的俗人所能够做到。

陡然间，天气发生了变化，黑云四起，狂风大作，折树扬尘，河流涌浪，一时间船只都被漂覆。迷信的盗匪惊骇了，忙问与玄奘同行的人："和尚从什么地方过来？名字是什么？"同行人回答说："就是那位从中国远来求法的僧人。各位如果杀了他，怕有无量的罪孽。这般天象，也分明是天神震怒。赶紧忏悔吧!”凶神恶煞的盗匪也有害怕的时候,他们一齐赶去,向玄奘忏悔,叩头礼拜,表示愿意皈依。玄奘仍专心念他的佛号,并不知道眼前发生的一切,直到有匪徒用手碰了他,他才睁开眼睛,对匪徒说:“是时辰到了吗?”盗匪抢着答话:“不敢对法师无礼,真心向法师忏悔。”

玄奘接受了盗匪的忏悔,向他们讲说了杀盗以及信奉外道邪祠等等都属于恶业,在未来都将会受到报应。人生如电光朝露,刹那而已,为什么要以这短暂的生命,去种下无间的苦果。盗匪们一齐叩头致谢,说:“我等颠倒妄想,做了许多不该做的事情,如果不是遇到法师这样有福德的人感动上苍示警,如何能令我们悔悟。从今往后,我等坚决抛弃恶业,再不做坏事。”当即扔掉了劫具凶器,归还了玄奘等人的衣资,顶礼辞去。

这很容易让人联想起《西游记》里,唐僧在车迟国通天河所遭遇的故事。书中讲到,通天河有位灵感大王,“这大王一年一次祭赛,要一个童男,一个童女,猪羊牲醴供献他。他一顿吃了,保我们风调雨顺;若不祭赛,就来降祸生灾”(第四十七回)。唐僧到来,孙悟空要帮助乡亲们除妖,于是和猪八戒变化成了童男、童女,被抬到了庙里。“这陈家庄众信人等,将猪羊牲醴与行者、八戒,喧喧嚷嚷,直抬至灵感庙里排下。将童男女设在上首。行者回头,看见那供桌上香花蜡烛,正面一个金字牌位,上写‘灵感大王之神’,更无别的神像。众信摆列停当,一齐朝上叩头道:‘大王爷爷,今年、今月、今日、今时,陈家庄祭主陈澄等众信,年甲不齐,谨遵年例,供献童男一名陈关保,童女一名陈一秤金,猪羊牲醴如数,奉上大王享用。保佑风调雨顺,五谷丰登。’”这与阿输伽林中强盗的祭祀突伽神,也何其相似。此外,书中所写的各路妖精争吃唐僧肉的故事——“他本是金蝉子化身，十世修行的原体。有人吃他一块肉，长寿长生。”或许也与这则文字有关，是受了它的启发，以此为想像的由头，也未可知。

玄奘终于又逃过了一劫，大难不死，他对于自己的事业，也有了更坚定的信心。他继续前行，东去三百余里，渡过恒河，向北来到了阿耶穆佉国。又向东南行七百余里，再渡恒河与阎牟那河，到了钵罗耶伽国(今印度北部邦阿拉哈巴德)。都城西南森林中，有一座佛塔，是佛陀降伏外道的地方；旁边有寺院一所，是提婆菩萨作《广百论》、挫伤小乘外道之处；都城东，位于恒河与阎牟那河交汇处，偏西有周长十四五里的祭祀场所，土地平旷，古来便为各国国王及大族施舍的大施场，戒日王五年一次的七十五日无遮大会，就在这里举行。

由此西南行，进入一片大面积的森林。林中多有恶兽野象出没，恐惧异常。走了五百多里，便来到古印度十六大国之一的憍赏弥国(今印度阿拉哈巴德西南约五十里的柯散)，国中有寺院十余所，僧徒三百多人。城中故宫有一所大的精舍，高六十余尺，有檀木雕刻的佛像，上悬石盖，为出爱王所造。据说很久以前，如来佛在忉利天经夏为他的母亲说法，出爱王思慕，请目连带能工巧匠升天观察佛陀的容颜，回来便用紫檀照着佛陀的形象雕成。城南有旧宅，是瞿史罗长者的故居。附近东南方，有一所旧的寺院，便是长者的园池。寺内有高二百余尺的佛塔，为无忧王所造。再东南有重阁，是无著菩萨撰写《显扬论》的地方。

东北行五百多里，到鞞所迦国(今印度毕塞浦尔)，国中有寺院二十余所，僧徒三千来人，修的是小乘正量部。城东南道左边有所大寺院，前代僧人提婆设摩阿罗汉在这里撰写了《识身足论》，阐说无我人；又有瞿波阿罗汉撰《圣教要实论》，阐说有我人，双方各执一词，争论不休。这里还是护法菩萨七日辩论、折服小乘一百论师的地方。旁边又有如来六年说法的遗迹。玄奘所见到的一棵高七十余尺的大树，据说就是当年佛陀净齿扔下的一根树枝生根发芽长成的。此树虽然多次遭外道之徒砍伐，却依然枝繁叶茂，旺盛如故。

继续东北行五百多里，到古印度十六大国的另一个国家室罗伐悉底国，国周长六千多里，有数百所寺院，几千名僧徒，都学的是小乘正量部。室罗伐悉底是北印度的一个商业重镇，有勾通王舍城及西南各地的三条商道在这儿交汇。这里曾经是五方杂处之地，作为重要的货物集散地，商旅众多，十分繁荣。

胜军王的都城舍卫城，是印度佛教的一处圣地，虽然早已圮败，但遗址仍在。这里曾建有佛塔，是胜军王为佛陀造的大讲堂。紧挨着另有佛塔两座，一座是抚养佛陀成人的姨母的精舍；一座是苏达多的故宅。故宅旁有大塔，是鸯窭利摩罗改邪归正的地方。城南五六里处，有一片树林，叫逝多林，也就是大名鼎鼎的给孤独园。

有记载说，善施长者仁慈聪敏，豪爽大方，常常拯救贫弱，哀孤恤寡，人称“给孤独”。当他听讲了佛教的各种功德后，便发愿要建造一处精舍，请佛陀光临讲法。世尊知道了他的这一想法，遂命舍利子前往选择地方。选择的结果，只有太子逝多园高爽适宜。善施长者便去拜会太子，将这一情况告诉了他。太子开玩笑说：“你要用黄金铺满了这块地，我便卖给你。”善施长者一片真诚，并不以为是句玩笑，便将自己积蓄的黄金悉数拿出，前往铺地。金子用完了，还有少许的地方没有盖上。太子说：“佛即良田，适宜播种善的种子。”遂将园赠给了善施长者，建造了精舍。世尊听说了此事，对阿难说：“园地善施所买，林树逝多所施，二人同心，才完成如此功业。从今以后，就叫它逝多林给孤独园吧。”

玄奘来到这里的时候，昔日的寺院早已颓败。其遗址上，东门左右各有高七十余尺的石柱，是无忧王所建。房屋也坍塌已尽，仅剩下一处砖室，其中有金佛像一座，据说为胜君王所造。距离寺院东七十余步，有精舍，其中有坐西面东的佛像，这里是佛陀昔日与外道辩论的地方。向东去三四里地，是舍利子和外道辩论的地方。城西北六十里有一故城，是迦叶佛父王的都城。城南是释迦牟尼成佛后初见他的父王净饭王的地方。城北有迦叶佛的全身舍利塔。所有寺院佛塔，均为无忧王所造。

祇园精舍遗址

有关给孤独园，在《西游记》里，编成了整整三回的故事。第九十三回《给孤园问古谈因，天竺国朝王遇偶》写道：

他师徒们正说话间，却倒也走过许多路程，离了几个山冈，路旁早见一座大寺。三藏道："悟空，前面是座寺啊。你看那寺，倒也不小不大，却也是琉璃碧瓦；半新半旧，却也是八字红墙。隐隐见苍松偃盖，也不知是几千百年间故物到于今；潺潺听流水鸣弦，也不知是那朝代时分开山留得在。山门上，大书着'布金禅寺'；悬扁上，留题着'上古遗迹'。"行者看得是"布金禅寺"，八戒也道是"布金禅寺"。三藏在马上沉思道："'布金'

……'布金'……这莫不是舍卫国界了么?"八戒道:"师父,奇啊!我跟师父几年,再不曾见识得路,今日也识得路了。"三藏说道:"不是。我常看经诵典,说是佛在舍卫城祇树给孤园。这园说是给孤独长者问太子买了,请佛讲经。太子说:'我这园不卖。他若要买我的时,除非黄金铺满园地。'给孤独长者听说,遂以黄金为砖,布满园地,才买的太子祇园,才请得世尊说法。我想这布金寺莫非就是这个故事。"

在九十三、九十四、九十五共三回书里,小说讲述了天上月宫里素娥仙子与玉兔在人间给孤独园与天竺国上演的一出恩怨情仇故事。其跌宕起伏,离奇曲折,极尽想像之能事,正能见出从本事母体到文学创作的不同发展。

在给孤独园东北,有佛塔,是如来佛为病僧疗疾盥洗的地方。传说如来在世的时候,有一僧人患病,感慨孤苦独处。如来看见,问他:"你有何苦?你因何独居?"僧人说:"我禀性疏懒,不耐烦去看病治疗,所以现在有了病,也没有人来探望我。"如来同情地向他说:"善男子,我来照顾你。"于是施展神力,用手抚摩,僧人立刻病愈。接着如来将僧人扶出户外,为他换去被褥,换上新衣,又亲自为他浆洗脏了的衣被,然后语重心长地对他说:"振奋起来,要勤勉一些。"僧人听了如来的教诲,从此身心愉悦,精神面貌也焕然一新。

围绕逝多园,还有这样一则传说。据讲释迦牟尼神力非凡,大智大慧,为世人所尊奉。这便招来了外道的妒忌,他们要施展鬼蜮伎俩,来陷害佛祖。当时释迦牟尼讲法,有很多人来听。外道雇了名妓女,也混进听经的人群中,佯装听法。时间久了,人们都知道有这样一位女性听法。外道见时机成熟,便暗杀了妓女,将她埋藏在释迦牟尼讲经处附近的大树旁，然后去向国王报告。国王派人去查，果然在逝多园翻出了尸体。外道便到处宣扬，说释迦牟尼虚伪，在口头上常说戒忍，现在却和妓女私通，还杀人灭口。淫而后杀，更有何戒何忍可言？奇怪的事情发生了，就在外道大肆宣讲此事的时候，天空总有回声传来："外道凶犯，造此流言诽谤。"每每如此，外道惧怕，流言也很快不攻自破。

欲成就非凡之事功，便需要有非凡的智慧与毅力，还要能承受得起非常人能够承受的诸多挤压甚至是迫害，释迦牟尼的创建佛教是如此，古今中外，历史上的一代伟人，也大多如是。

再说玄奘，从罗伐悉底国向东南行，走了八百多里，来到劫比罗伐窣堵国（今尼泊尔南境派勒瓦），这是释迦牟尼的故乡，是玄奘心仪已久、最为神往的一块圣地。传说劫比罗伐窣堵国由日族英雄乔达摩创建，鼎盛期约在公元前6世纪前后。当时，释迦族人口繁衍迅猛，从印度北境到尼泊尔南境一带，都有他们的踪影。释迦族强盛的时期，人口约有百万，分十城居住。释迦牟尼的出生地劫比罗城，在十城中又最为强大。城中有美丽的园林、宽敞的街道、热闹的卖场。城门四座，上边建有高塔，可以俯瞰全城。城中有议事厅，是处理各种行政事务的地方。还是释迦牟尼在世的时候，释迦族便在憍萨罗国国王毗庐择迦发动的侵略战争中，遭遇了灭顶之灾，据说有九千九百九十万人被集体杀戮，积尸如莽，流血成池，其族也因此而很快走向衰败。

释迦牟尼诞生地

玄奘到来的时候，劫比罗伐窣堵国周长四千

多里，国内有十多座城池，早已人去楼空，荒芜废弃。都城也成了一片瓦砾废墟，原有的规模不得而知。内宫城周长十五里，以砖垒砌而成，如今依然坚固完好，但人烟稀少，空旷荒寂。寺院大多荒废，遗址有千余处，依稀能见出其曾有的繁华。宫城附近有一座寺院，僧徒仅三十余人，修小乘正量部教。另有天祠两所，杂居着异道的信徒们。

玄奘来到这里，低回留连，观礼凭吊。释迦牟尼的父王净饭王的正殿故基犹在，上建有精舍，中间有净饭王雕像。挨着北边，是释迦牟尼的母亲摩耶夫人的寝殿，上建精舍，中间是夫人的雕像。蓝毗尼园也是释迦牟尼出生的地方，其中有佛陀降生雕像。

据说在释迦牟尼出生后，净饭王请来了阿私陀仙人为太子看相，仙人说："太子若能继位，则可以成为天下人景仰的转轮圣王；或者出家，也可以成为觉悟众生的佛陀。"在释迦牟尼降生处东北方，有一座佛塔，便是传说中仙人当年为释迦牟尼看相的地方。

大菩提树与浴沸池

城南门有佛塔，是当年的太子与诸释种捔力的地方。传说释迦牟尼少年时，便多才多艺，具有超人的神力。一次，净饭王的仆人带着大象刚要出城，偏巧碰到一个叫提婆达多的恶人从城外过来，他问驭象的仆人："带着大象，准备给谁乘啊？"仆人回道："太子回来了，要去迎驾。"

提婆达多怒火中烧，对着大象拳打脚踢，不一会儿功夫，大象气绝而死，倒毙在了大路的中间。围观的人摩肩接踵，堵塞了道路。难陀过来，见此情景，问道："谁打死了大象？"人们争相告知："提婆达多。"难陀懒得与他计较，拖起死象，想移放路边。这时，释迦太子回来，也问道："谁做的坏事，害了这大象？"仆人抢先回复："是提婆达多，他害了大象，要堵住城门。难陀想将它移开，清除路障。"太子走上前去，伸手将死象抓起，随手掷向远处。大象竟越过城墙壕沟，重重落在了地上，砸出了一个很大的深坑。这就是人们传说中的象堕坑。

城中还有太子看破生老病死后，为出家而偷出城以及觉悟正果后回城的遗迹。

由此东行进入荒林，走二百余里，便来到蓝摩国。这里人烟稀少，故城有一座高百余尺的砖砌佛塔，传说是如来涅槃以后，该国的国王先得到了舍利，便在此造塔以安放舍利。旁边有龙池，传说池中的龙常能变幻为人形，绕塔行道；还有野象，经常衔花来此供佛。再旁边不远处，有一所寺院，是位沙弥在这里做住持。传说，从前有位比丘僧带了帮同修的人，远道前来礼佛，看到野象衔花，安放塔前，用牙除草，用鼻洒水，众人无不感动。一比丘僧当即舍大戒，对大家说："象是畜生，还知道敬塔献花洒扫，我们忝居人类，出家之人，怎能看着圣迹之地荒芜，不悉心供养呢。"并当即表示，愿意留在这里供养佛陀，于是修筑了茅舍，开垦荒地，栽种花草果木，寒去暑来，不以为倦。邻国的人们听说了这事，各自施舍财物，共同修建了一所寺院。从此，该寺由沙弥住持，也成为一个传统。在沙弥寺东树林里，有佛塔，传说是释迦牟尼私自离家出城后，在此解脱宝衣、天冠、髻珠交给阐铎迦，并剃发出家的地方，塔为无忧王所造。

走出树林，来到拘尸那揭罗国(今印度与尼泊尔交界处)。这里更显得荒芜难行。城东北隅有佛塔，无忧王所建，是准陀的故宅。城西北三四里，渡过阿恃多伐底河，距离河流不远处，是一片娑罗林。林中有棵繁茂的老树，形同槲树，青皮白叶，十分光润，这里是释迦牟尼涅槃的地方。旁边有无忧王建造的高二百多尺的佛塔，挺立的石柱上记载着佛陀涅槃的事迹；另有塔记，载述着如来坐金棺为母说法、出臂问阿难、现足迦叶以及香木焚身、八王分骨等事。

在树林丛中又走了七百多里，玄奘等人来到婆罗痆斯国。婆罗痆斯国位于今印度北方邦瓦腊纳西，国周长四千余里，都城西临恒河，长十余里，宽五六里。当地气候和顺，花木茂盛，绿草遍地；人烟稠密，房屋矮挤，百姓富庶，所谓“家积巨万，室盈奇货”。这里的居民性情温和谦恭，重视学问，但多信外道，崇信大乘佛法的不多。国中有寺院三十余所，僧徒二千多人，学小乘一切有部。

渡过婆罗痆斯河，向东北行十余里，来到了鹿野寺。寺院规模庞大，台观高耸云霄，长廊逶迤连缀，有僧徒一千五百人，学小乘正量部。寺院北边有高达百余尺的精舍，石阶砖龛有一百多级，每级都有黄金佛像。室内有瑜石雕成的佛像，逼真原身。鹿野寺所在地鹿野苑，传说是释迦牟尼成佛后首次布道说法的地方，既是慈氏菩萨受记处，也是佛陀度脱第一批弟子憍陈如、颇鞞、跋提、十力迦叶、摩诃男拘利的场所。寺院的西边，还有如来洗澡池、涤器池、浣衣池、龙池。鹿野寺是印度佛教一个十分重要的圣地。

玄奘一行沿恒河东进，走了三百余里，来到战主国(据考在瓦腊纳西以东五十英里，位于恒河北岸)。转向东北，渡越恒河，走了一百四五十里，到吠舍釐国(据考在今甘达克河左岸哈齐普尔以北十八英里木扎伐浦尔的巴莎尔)。该国周长五千余里,土地肥沃,到处长着菴没罗果、茂遮果。都城已经废毁,故基周长六七十里,人烟稀少。宫城西北五六里处,有一所寺院,僧徒稀少,修小乘正量部法。旁边有座佛塔,是昔日释迦牟尼讲说《毗摩罗诘经》的地方。往东北,邻近三四里,有座佛塔,是毗摩罗诘的故居。离此不远有一石室,是无垢称现疾说法之处。旁边有宝鸡故宅、菴摩罗女故宅。再往北,邻近三四里,有佛塔,是释迦牟尼将往拘尸那国涅槃,天、人随从伫立的地方。紧邻西边,有释迦牟尼最后望吠舍釐处。紧邻南边,有菴摩罗女赠佛陀园囿处,还有佛陀答应魔王涅槃处。另外有七百僧众为重勘律典,举行第二次结集的遗迹。

印度鹿野苑遗迹

佛陀告涅槃处不远,有佛塔,是传说中千子见父母的地方。相传很久以前,有位仙人隐居在穴岩山谷,仲春时节,仙人在清流之中洗澡,麋鹿饮了此水,交感而生出一个女婴。女婴相貌艳丽,只是脚形似鹿。仙人收养了这个女婴。

女婴渐渐长大,能帮着仙人做些事情了。这天,仙人让她去寻求火种,到了余仙庐,随着鹿女脚步移动,脚后呈现出朵朵莲花。仙人看见,十分惊奇,让她绕庐而行,便可得到火种。鹿女依着仙人的吩咐,果真得到了火种。

这时,有位梵豫王打猎到了此地,见到莲花,心生好奇,跟寻过来。他喜欢鹿女的神异,便带了她回去。有看相的人说,此女当生千子。梵豫王的后妃们妒忌得很，便想法要谋害鹿女。鹿女临产，竟生下了一朵莲花，花有千叶，每叶坐着一子。后妃们乱吵起来，说这是不祥之物，赶快将它抛到河里。梵豫王自然没见过这种事情，也乱了分寸，吩咐手下将莲花带到殑伽河，丢入水中。这莲花千子就在湍急的河流中，随波飘荡。

乌耆延王到河上观光，依稀看见河上有一团类似黄云的东西漂来，便让随从打捞出来，开盖看个究竟，见是千个婴儿坐在里边，他便收养了这千子，并将其乳养长大。这千子个个天生神力，靠着这千子，乌耆延王开疆拓土，版图一天天扩张。

乌耆延王的千子军攻城略地，所向披靡，眼看着打到了梵豫王的国家。梵豫王惊恐万状，坐立不安，盘算着手下的兵力，怎么也不是对手。鹿女知道这是她的千子，并不说破，只是向梵豫王道："如今外敌进犯，兵临城下，上下离心，不知如何应对。妾身愚忠，有计为君破敌。"梵豫王难以相信，多少文臣武将尚且徒唤奈何，一弱女子，更能有什么良策。无奈没有更好的办法，梵豫王只得让鹿女前往一试。鹿女登上城楼，等待着千子过来。不久，千子军已将都城围得水泄不通，铁桶相似。鹿女向千子喊话："别做悖逆的事了！我是你们的母亲，你们都是我亲生的儿子。"千子说道："胡言乱语，如何可信！"只见鹿女手按两乳，千股乳汁射出，竟分别射进了千子的口中。千子相信了母亲的话，解甲归宗，认了双亲，从此两国友善，百姓安乐。

再说玄奘，从吠舍釐南境沿恒河行百余里，到达吠多补罗城。在这里，他得到了又一部重要的经典《菩萨藏经》。

那烂陀寺的中国留学僧

贞观五年(公元631年)九月,玄奘从吠多补罗城南渡恒河,进入印度著名的古国摩揭陀国(今印度比哈尔邦巴特那及加雅地区)。这是释迦牟尼一生主要的生活、活动地。他一生绝大部分的时间都是在这里度过的。释迦牟尼去世以后,印度佛教徒所举行的四次结集,其中的第一、四两次也均在此国举行,因此,摩揭陀国也自然成为印度佛教的一个赫赫有名的重镇。举世闻名的那烂陀寺——当时世界最大的佛学院就在该国。

按照季羡林先生等校注的《大唐西域记》中介绍,摩揭陀国,其领域大致相当于今天的印度比哈尔邦的巴特那和加雅地区。公元前7世纪,童龙王朝时期,摩揭陀国已经十分强大。频毗娑罗王在位时,都城为王舍城。在旧城毁于火灾后,又建了新的王舍城。频毗娑罗王崇尚佛教,他的儿子阿阇世王却信仰耆那教。阿阇世王即位以后,南征北讨,兼并了四邻的小国，大大扩张了摩揭陀国的版图，成为能够与憍萨罗抗衡的北印度大国。到了阿阇世王的儿子邬陀耶，又在水陆交通便利的要冲之地建立了波吒釐子城。公元前413年，频毗娑罗创建的王朝被难陀王朝推翻。

公元前326年左右，摩揭陀的旃陀罗笈多崛起，在婆罗门憍底利耶的辅佐下，先是借助亚历山大东征侵入旁遮普的希腊兵力，巩固自己的势力，亚历山大死后，他又起兵逐走了希腊兵，接着回师摩揭陀，废除难陀王，定都华氏城，统一了北印度，建立了印度历史上空前强大的孔雀王朝。约公元前305年，亚历山大旧将塞琉古·尼伽脱再次入侵旁遮普时，为月护王击败，退出印度西北部、俾路支以及阿富汗的部分领域，这时，摩揭陀国的版图，西北抵达兴都库什山麓。公元前273年，阿育王即位，继续扩张，版图西北抵喜马拉雅山麓，南达科弗里河畔，东至阿萨母，西北及兴都库什山。国都华氏城成为当时印度的政治、经济、文化中心，是北印度客商云集的地方。阿育王崇尚佛教，有名的佛教徒华氏城结集，就在这里举行。

公元前185年，华友推翻了孔雀王朝，建立巽伽王朝。此后还出现过一个短命的甘婆王朝。巽伽王朝时期，曾被阿育王朝征服的南印度诸国如羯馂伽、案达罗先后独立。案达罗不断强大，至公元前20年代，差不多统治了整个北印度，摩揭陀国也成了它的属国。公元320年，华氏城旃陀罗笈多一世崛起，建立笈多王朝。其子三谟陀罗笈多即位以后，摩揭陀重新走向辉煌，恢复了孔雀王朝时期的鼎盛。这是印度古代文化的复兴期。4~5世纪之交，旃陀罗笈多二世在位，堪称是笈多王朝的黄金时期。5世纪末，来自西北的哌哒人入侵，笈多王朝走向式微。但不久，摩揭陀国王耶舍达摩联合了多国，奋起抗争，在公元533年，赶走了哌哒人，光复故土，又有了再度的中兴。6世纪末，笈多王朝真的衰亡了。在玄奘来到这里的时候，称雄北印度的是戒日王。

玄奘到摩揭陀国，是在7世纪初。此时的摩揭陀国，周长五千余里，有着崇学重贤的风气。国内有寺院五十余所，僧徒万余人，以修大乘佛教为主。恒河南岸的故城，周长七十余里，已经废毁，但城墙犹在。鼎盛时期，这儿原有寺院数百所，今所存者，不足二三。临恒河，有一座不大的城市，居住着千余户的百姓。

玄奘在这里盘桓了七日，四处巡礼圣迹。宫城北边，有高达数十尺的石柱，为无忧王所造人间地狱处。据说，最初的无忧王，性情残暴，对违抗自己的臣民，便将他们带到这所地狱中来。在这里，刀山剑树，血池油锅，一应俱全。凡被带到地狱中来的，非死即残，少有人可以幸免，或完整地出去。后来，有位阿罗汉趺坐油锅中现相，感化了无忧王，他也从此皈依了佛门，开始提倡并护持佛法。

在地狱北，有佛塔一座，也为无忧王所建。其中存放着如来舍利一升，据说常常有神光放出。有一处精舍，其中有如来踩过的石头，石上有佛陀的双脚脚印，长一尺八寸，宽六寸，据说是当年佛陀将涅槃的时候，从吠舍釐到了这里，站在恒河南岸的大方石上，回

印度佛陀伽耶佛脚印

印度拘尸那迦涅槃堂与娑罗树

头对阿难说："这是我最后望见金刚座及王舍城留下的踪迹了。"

在精舍的北边，有高达三十余尺的石柱，记载着无忧王三次以赡部洲施舍给佛、法、僧，三次以珍宝赎嗣的事情。故城东南有鸡园寺，是无忧王初信佛法的时候建造，曾在这里聚集千名僧人，四时供养。

巡礼参拜已遍，玄奘向西南行六七由旬（古印度计程单位，一由旬的长度，我国古有八十里、六十里、四十里等说），到了底罗磔加寺。寺里的三藏僧数十人，听说玄奘到来，都出门迎接。由此南行百余里，到伽耶城，这里有释迦牟尼证道成佛时坐在其下的菩提树。树的周围，用砖石砌成的高峻坚固的墙垣，东西长，南北狭。正门朝东，面对尼连禅河；南门毗邻大华池；西面有险固的山体环绕；北门与一所大寺相通。寺内遍布着圣迹，有精舍、佛塔，均为各国国王、大臣、富豪之家、长者景慕佛教中贤人营造。正中树下是金刚座，取其坚固难坏、能沮万物的意思。

据说，释迦牟尼出家之初，行的是苦修，这也是当时印度佛教一种十分普遍的修行方式。六年之后，释迦牟尼并没有彻悟证道，却因长期地苦修，营养不良，身体也极度虚弱，连行走的力气都没有了。这时，有一位善良的牧羊女从此路过，送给他一碗乳粥。喝了乳粥，释迦牟尼恢复了体力，于是走到尼连禅河边，洗去身上的尘垢，之后又来到一棵毕钵罗树下，铺上吉祥草，向着东方，盘腿而坐。经过七天七夜的苦思冥想，当朝暾初升、灿烂的阳光再次照临大地的时候，他的脑海里顿时明澈清晰了起来。他终于大彻大悟了生命的意义，证道而成了佛陀。那棵毕钵罗树，由于庇护佛祖顿悟，被命名为菩提树。“菩提”是梵文的译音，意为“觉悟”或“智慧”。他的弟子们称他为释迦牟尼，意思是“释迦族的圣人”。佛陀成道的日期，为中国农历的十二月初八。因为释迦牟尼是喝了牧羊女送的乳粥才恢复了元气，悟得苦难的真谛，所以我国的僧徒们，到了这一天，便煮粥供佛，俗称“腊八粥”。

据说释迦牟尼在世的时候，菩提树有几百尺高。释迦牟尼寂灭以后，无忧王继位之初，不信佛法，毁灭佛教遗迹，曾经亲帅士兵，前来砍树。他们将菩提树的根茎枝叶，斫伐几尽，堆放到了西边几十步远的地方，令事火婆罗门用它燃烧祭天。在燃烧后的灰烬中，却又奇迹般长出了两棵菩提树，枝叶繁茂，青翠欲滴，人称灰菩提树。眼前的一幕，令无忧王为之震惊，他幡然悔悟，便以香乳浇灌残根，一夜之间，菩提树便长得又像从前。王妃素来信奉外道，便暗中指使人，趁深更半夜，再去砍伐。等到白天，无忧王前往参礼，见到仅剩蘖株，心中悲慨，于是至诚祈祷，又用香乳浇灌，不日再长如初。为了保护菩提树，无忧王命令在树的周围修建了十余丈高的墙垣。无忧王之后，经历了若干代，到近世，又出了位设赏迦王。他信奉外道，仇视佛法，销毁寺院，砍伐菩提树。设赏迦王的用心更见恶毒，他要将菩提树连根挖除。然而，一直挖到了泉水涌出，仍然看不到树的根底。于是，他指使纵火焚烧，又用甘蔗汁浇灌，想以此将菩提树的根部弄得焦烂，令它永世不能萌发。几个月后，无忧王的末孙，摩揭陀国补剌拏伐摩王（满胄）知道了这事，十分痛心，遂用几千头牛的乳汁来浇灌菩提树，一夜之后，菩提树重新长出。为了防范再有人残毁菩提树，补剌拏伐摩王派人用石头建筑了高二丈四尺的墙垣。玄奘所见，正是其时修造。

玄奘所看到的菩提树有五丈多高，树的茎干呈黄白色，枝叶青润，经秋复冬而不凋谢。据说只是在每年释迦牟尼涅槃的日子，树叶才一时落净，但过了一宿，又枝繁叶茂一如平时。所以，每当佛陀涅槃的日子，各国国王及其臣僚纷纷前来，聚集树下，用香乳灌洗，燃香散花，收集落叶而后去。

玄奘来到了这里，至诚至恭，五体投地，礼拜了菩提树以及慈氏菩萨所造的佛陀成道像，百感交集，叹息自己没有福分生在佛陀的时代，感慨来到佛教圣地，瞻仰圣迹，亦何其迟迟。想到深处，玄奘不觉泪水纵横。此时正逢当地僧徒坐夏结束，远近前来瞻礼的有数千僧人，被异国僧人玄奘的真诚所感动，周围的人也都伤感呜咽起来。

大约在十月初，玄奘与那烂陀寺差来迎接他的四位高僧见面了。玄奘在他们的迎引下，走了七由旬，到一处寺庄。寺庄为目连本生的村子。在寺庄里吃了斋，没多久，又有二百余僧人与千余位善信，持着幢盖、花香前来欢迎。在众人的簇拥与唱经声中，玄奘终于来到了仰慕已久的那烂陀寺。从在长安听说起那烂陀寺，到亲临其境，时间不足五年，但五年来经历的种种遭逢，种种磨难，其艰难困苦，可谓九死一生，在踏进那烂陀寺山门的那一刹那，玄奘的思绪已经飞得很远很远。

关于那烂陀寺的由来，根据玄奘的记载，有两种说法：一说是寺院的南边菴没罗园中有一大池，池中有龙，名那烂陀，因为在它的旁边建寺，故名那烂陀寺。另一种说法是，如来佛行菩萨道的时候，为大国王，在此地建都，怜悯孤穷，常常举办惠施，物念其恩，故号其地为施无厌地。

那烂陀寺遗址

那烂陀寺的鼎盛时代,在公元 6~9 世纪,其故址位于今印度比哈尔邦巴特那县巴尔贡村。12 世纪末,伊斯兰教入侵,寺院被毁,以后便长期沉寂无闻。直到 1861 年,英国的考古学者根据玄奘《大唐西域记》中的有关记载以及附近出土的碑铭,对遗址作了初步的勘察发掘,才使它重新为世人所知。今天的那烂陀遗址,如茵的碧草,挺拔的椰树,伞盖般的菩提树,蓊蓊郁郁的榕树,已被修建成一个绿地公园,得到了很好的保护。

那烂陀寺这块地盘,据说原为菴没罗长者的庄园,是五百位商人花了十亿金钱买下,施舍给了佛陀。佛陀在这里说法三个月,商人中多有证道成佛的。在佛陀涅槃以后,帝日王敬慕佛教,在这里修造了一所寺院。帝日死后,他的儿子觉密、觉密的儿子如来、如来的儿子幼日、幼日的儿子金刚,代代相承,子继父业,不断修造,到了中印度王,续为添造,经过前后六代人的努力,多所寺院连成一体,终于成就了它空前的规模。《大慈恩寺三藏法师传》有段文字,专门描写那烂陀寺的庄严富丽:

庭序别开,中分八院。宝台星列,琼楼岳峙,观竦烟中,殿飞霞上,生风云于户牖,交日月于轩檐,加以渌水逶迤,青莲菡萏,羯尼华树晖焕其间,菴没罗林森竦其外。诸院僧室皆有四重重阁,虬栋虹梁,绿栌朱柱,雕楹镂槛,玉础文棍,甍接摇晖,榱连绳彩。印度伽蓝数乃千万,壮丽崇高，此为其极。

《大唐西域记》则具体描述了它昌明发达的佛教学术事业：

僧徒数千，并俊才高学也。德重当时，声驰异域者，数百余也。戒行清白，律仪淳粹。僧有严制，众咸贞素，印度诸国皆仰则焉。请益谈玄，渴日不足，夙夜警诫，少长相成。其有不谈三藏幽旨者，则形影自愧矣。故异域学人，欲驰声问，咸来稽疑，方流雅誉。是以窃名而游，咸得礼重。殊方异域欲入谈议，门者诘难，多屈而还，学深今古，乃得入焉。于是客游后进，详论艺能，其退飞者，固十七八矣。二三博物，众中次诘，莫不挫其锐，颓其名。若其高才博物，强识多能，明德哲人，联晖继轨。至如护法、护月，振芳尘于遗教；德慧、坚慧，流雅誉于当时。光友之清论，胜友之高谈，智月则风鉴明敏，戒贤乃至德幽邃。若此上人，众所知识，德隆先达，学贯旧章，述作论释，各十数部，并盛流通，见珍当世。

的确，那烂陀寺的繁盛，表现在它美轮美奂的外观，更体现在它的内质。就在玄奘来到这儿的时候，寺内僧徒中常住主客达万人之数，并学大乘兼十八部，乃至于俗典《吠陀》等书，因明（逻辑）、声名（文字）、医方、术数等理论，也都在他们的探讨范围之内。僧徒中，能够熟解二十部经、论的，有一千多人；熟解三十部经、论的，有五百多人；熟解经、论五十部以上的，也有十人。寺内有着浓厚的学术氛围，探讨学问的风气很盛，每天都有上百处的讲座，僧徒学习勤奋，纪律也极严明，建寺七百余年，从无一人因为品质道德的问题被社会上指责。寺院也因此赢得了上至国王，下到百姓的钦重，国家划拨了百余邑为其供养，每邑二百户，日进粳米、酥乳几百石。有僧田作充足的供给，寺内僧徒衣食无忧，专心向学，各有所成。

到了那烂陀寺，寺院的僧众早已经聚集起来，在等着远方的客人玄奘的到来。与僧众见面后，寺中僧人在上座安放了坐床，请玄奘坐下，大家也都次第落座，令维那击犍椎唱，举行了一个欢迎的仪式。仪式结束以后，安排二十位娴解经律、威仪齐整的中年僧人，引领玄奘，前往参见寺中的正法藏——即戒贤法师，他大约要算是学院的院长了。因为戒贤在寺中有着至高无上的地位，僧人都不叫他的名字，就像中国古时的为长者避讳，只是称他正法藏。

玄奘对戒贤法师可谓心仪已久，早知道他是大乘《瑜伽论》的嫡派传人，正要拜他为师。拜见戒贤，玄奘行了极隆重的拜师礼节，所谓“膝行肘步，鸣足顶礼，问讯赞叹”(《大慈恩寺三藏法师传》)。行礼已毕，戒贤令僧人广铺床座，让玄奘和各位僧人都坐了。戒贤问玄奘从什么地方过来，玄奘回答：“从中国来，想投到老师的门下，学习《瑜伽论》。”戒贤听了玄奘的回答，对弟子觉贤——戒贤法师的侄子，也是他的亲信，一位七十多岁、博通经论、善于言谈的僧人——说：“你可以向大众说说我三年前的病恼因缘。”觉贤听了，泣诉起了以前发生的事情：“正法藏从前曾患过中风，发作的时候手足痉挛，如火烧刀割般疼痛。时发时好，持续有二十多年。三年前，又一次复发，尤其痛苦难耐。正法藏甚至都已经感到了绝望，因而厌恶肉身，想到要绝食而终。就在一天夜里，他梦见了三位天人：一

那烂陀寺修行洞

位黄金色，一位琉璃色，一位白银色，神态端正庄严，仪服轻明可见，走来向正法藏说：'你想舍弃你的肉身吗？经上说，要欢喜身体有苦，不欢喜厌恶离弃其身。你的前身，曾做过国王，屡多惹恼众生，所以招来了如此报应。现在的你，应当是省察自己前世犯下的罪孽，至诚地忏悔，安心地忍受痛苦，更勤勉地宣扬经论，如此，罪孽苦痛自当消除。像这样厌恶而离弃肉身，苦痛终究不能够消除。'正法藏听了这话，至诚礼拜，请示未来。其中的金色人指着碧色人对正法藏说：'你认识他吗？这就是观自在菩萨。'又指着银色人说：'这是慈氏菩萨。'正法藏向慈氏菩萨致礼，问：'戒贤常常发愿，希望生在尊宫，不知将来能否如愿？'慈氏菩萨回答：'只要你广传正法，来生便可如愿。'金色人说：'我是曼殊室利菩萨。我等见你要徒然舍弃性命，不想着普利众生，所以前来劝导。依从我说的这些话，好好地去显扬《瑜伽论》等，广泛地向无知大众宣讲，利益众生，你的身体自可以渐渐安稳，不用担心病体不愈。三年后，有位中国僧人喜欢钻研佛法，要来向你学习，你可等着，尽力教他。'正法藏听了，礼拜回答：'谨依尊教。'三位菩萨说过，倏忽间已消逝不见。从那以后，正法藏的病也真的就痊愈了。"觉贤的这番神话，听得众僧人无不感慨，大家感叹着见所未见。

玄奘听了这故事，更是悲喜交加，感动得难以自持。他再次礼拜致谢，说："真的像老师所说，玄奘更应当勤勉向学，以不辜负老师的殷切期望。"戒贤再问玄奘："你在路上，有几年了？"玄奘回答："三年多。"这正与戒贤所谓的梦中之境如合符契，丝毫不差，戒贤自然是喜悦非常，他收定了玄奘这位徒弟。玄奘也再行弟子之礼。

异国客人、正法藏的弟子玄奘，在那烂陀寺受到的待遇，自然非同一般。他被安排在幼日王院觉贤住房第四重阁。接受了七日的供养后，再被安置到护法菩萨北面的上房里。每日的供应,可以享受瞻步罗果一百二十枚、槟榔二十颗、豆蔻二十颗、龙脑香一两、大人米一升(这种米比乌豆要大,煮出的饭香味扑鼻,鲜美无比,非其他的米所能比。这米也只有摩揭陀国生产,别的地方没有。因为仅供给国王及多闻大德们食用,所以号称大人米),月给油三斗,乳酪不限使用。寺中还专门派了勤杂一人、婆罗门一人,供他差遣使用,出行则可以乘坐象轿,一切尽可坐享其成,而不必像寺中的僧人那样,还必须要做一定的事情。在万余人的那烂陀寺,享受这种待遇的仅有十人。这显然是极其尊贵隆重的礼遇。

因为有专人照顾,一切很快都安置妥当。俗话说得好:读万卷书,行万里路。玄奘暂不忙于经、论的学习,他决定首先去观礼圣迹,跟寻佛陀的踪迹,要亲眼目睹佛陀生活、布道的具体环境,这原本也是他西行印度的一项重要学习内容。王舍城是摩揭陀的故都、佛教的重镇,佛教胜迹遍布各处,身在宝山,玄奘当然要亲临其地,而不会错过实地观礼的宝贵机会。

进入大山,东行六十多里,便来到王舍城。因为此地盛产吉祥的香茅,所以王舍城又名上茅宫城。城的四面环山,山势峻拔险峭,天然形成了城的外郭。往西有狭窄的小路沟通,大门位于城北面。王舍城东西长,南北狭,城周长一百五十多里,城内另有小城,基周三十多里,四处遍布着成片的羯尼迦树林,满树金色的叶子,四季开着灿烂芬芳的鲜花。

宫城北面有座佛塔,是提婆达多与未生怨王放护财醉象,企图谋害佛陀的地方。塔东北另有一座佛塔,是舍利子聆听阿湿婆恃比丘说法而证果的地方。紧邻北边,有一处深坑,是胜密受外道蛊惑,用火坑、毒饭欲加害佛陀的地方。紧邻大坑,在东北山城的凹曲处,又有佛塔,是时医生缚迦为佛陀建造说法堂的地方。

从宫城往东北，行十四五里，来到了姞栗陁罗矩吒山，即灵鹫山，这是环绕王舍城的五座山峰中最高的一座，也就是《西游记》里唐僧西天取经的终极目的地灵山。此山连冈北岭，孤表特起，形如栖息的鹫鸟，故名鹫峰。山上清泉奇石，林树蓊郁，空翠相映，鲜花摇曳，景色秀美。释迦牟尼在世的时候，常住在这里，讲说《法华》、《大般若》等无量众经。小说《西游记》中描写："那半天中有祥光五色、瑞霭千重的，就是灵鹫高峰，佛祖之圣境也"，到处是"花草松篁，鸾凤鹤鹿"。更有雷音古刹："顶摩霄汉中，根接须弥脉。巧峰排列，怪石参差。悬崖下瑶草琪花，曲径旁紫芝香蕙。仙猿摘果入桃林，却似火烧金；白鹤栖松立枝头，浑如烟捧玉。彩凤双双，青鸾对对。彩凤双双，向日一鸣天下瑞；青鸾对对，迎风耀舞世间稀。又见那黄森森金瓦迭鸳鸯，明幌幌花砖铺玛瑙。东一行，西一行，尽都是蕊宫珠阙；南一带，北一带，看不了宝阁珍楼。天王殿上放霞光，护法堂前喷紫焰。浮屠塔显，优钵花香。正是地胜疑天别，云闲觉昼长。红尘不到诸缘尽，万劫无亏大法堂"。也就是在这儿，唐僧见到了如来佛，取到了他要取的"真经"。

印度灵鹫山修行洞

从山城北门，走一里多地，来到迦兰陀竹园。玄奘所见到的砖室，传说是释迦牟尼制订戒律的地方。据说迦兰陀竹园的主人迦兰陀先曾将此园施舍给了旁门外道，后来见到了佛陀，又听了佛陀的说法，感到由衷的敬佩，便后悔当初不该将此园施舍给外道，现在却不能再给佛陀使用。他的心思被地神知道了，便现出种种灾变魔怪，吓走了外道。迦兰陀长者终于如愿以偿，在这儿修建了精舍，亲自去请来了佛陀。竹园东边也有佛塔，是未生怨王得如来舍利后修建。

由竹园向西南，行五六里，山侧竹林中建有大石室，这是释迦牟尼涅槃后，摩诃迦叶波聚集九百九十九位大阿罗汉结集三藏的地方。在这次结集中，阿难颂《一切经》，优波离颂《一切戒律》，迦叶波颂《一切论议经》，三月安居，集三藏讫。以大迦叶为僧中上座，因名其上座部。西行二十里，为大众部结集的地方。东北行三四里，到曷罗阇姞利呬多城。城的外郭久已废圮，内城尚且保存完好。城周长二十余里，每面一门。最初，频毗娑罗王居住在上茅宫，那里居家稠密，人口繁多，但是屡遭火灾，于是频毗娑罗王制定了法律：凡有不谨慎而先失火的，便迁去寒林——当时为该国的乱葬岗。没过多久，王宫忽然着火，国王说："我作为国王，如果自己触犯了律令而不执行，更如何惩治臣民。"于是让太子留守，自己迁居到了寒林。为了防御外敌，国王又在寒林修筑了城邑。因为国王率先居此，故名王舍城，也就是新城。后来阇王嗣位，就以这里作为都城。宫城内西南隅有佛塔，是殊底色迦长者的故宅。

在那烂陀寺西北有处大的精舍，高三百多尺，为婆罗阿迭多王所建。精舍修造得极其庄严华丽，其中有佛陀像及菩提树像。精舍东北有佛塔，是释迦牟尼七日说法的地方。西北有四佛坐处。其南有鍮石精舍，为戒日王修建。精舍东二百余步有高达八十余尺的铜立佛陀像，六层重阁刚能够覆盖，为满胄王修造。又向东行数里，有佛塔，是释迦牟尼初成道时，来王舍城，频毗娑罗王率同国人百千万众迎候的地方。

又东行三十余里，到因陀罗势罗窭诃山。山的东峰有座寺院，前有佛塔，名僧娑。传说从前这所寺院信奉小乘渐教，吃三净肉。有一天，三净肉没有买来，僧人见天上群雁飞过，便开玩笑说："今日僧供有缺，摩诃萨埵应该牢记这个时刻。"话音刚落，领头雁应声掉头，折翅高云之中，投身坠地。僧人见此情景，内心十分惭愧，遍告众僧，大家也都惊叹不已，无不感伤掉泪，深深为此自责。于是僧人建造灵塔，埋葬了死雁，从此断了三净肉，不再吃荤，改为素斋。

周边的佛教圣迹浏览观礼已遍，玄奘满载而归，回到了那烂陀寺，就要正式开始经、论的学习了。

戒贤法师应玄奘的请求，为他讲授《瑜伽论》。同时前来听讲的僧众，也济济一堂，有数千人之多。这天，戒贤刚刚开讲，仅仅演说了题目，还没有讲到经论的正文，突然，从门外传来了又哭又笑的怪声，打断了演讲。戒贤让人去查看，究竟发生了什么事情，去的人很快进来回话，说有位自称来自东印度的婆罗门，曾经在布磔寺的观自在菩萨像前发愿要做国王，是菩萨现身将他训斥了一番，说："千万不可有此念头！此后某年月日，在那烂陀寺，戒贤法师要为中国僧人讲《瑜伽论》，你应该过去听听。听了此番说法以后，你便有机会见到佛陀，这才是最大的荣耀，做国王又有什么意思！"这婆罗门记下了时间，赶来那烂陀寺，又果然见戒贤法师在为中国僧人讲授《瑜伽论》，正与菩萨告诉他的话吻合无间，所以异常激动。戒贤听了，也便吩咐弟子，快请那婆罗门进来，一道听经。十五个月后，戒贤讲完了《瑜伽论》，又派人将婆罗门送往戒日王那里，受封了三个邑，这都是后话不提。

从这突兀而来的婆罗门的一番言说，再对照玄奘新来那烂陀寺的时候戒贤让他的侄子讲给僧众的神话故事，颇令人生出些疑窦来，感觉到这一切太过巧合，都似乎是戒贤为了巩固自己在寺中大法藏的地位，有意安排的演出，是导演戒贤蓄意玩弄的一点小小权术而已。玄奘进入那烂陀寺之前，戒贤派人前往迎候，他对于玄奘的情况，应该是已经了如指掌，这给了他编造神话的充分时间，此其一；从觉贤声泪俱下的讲述中，我们知道，戒贤所患的病症，曾经十分严重，正因为不堪病痛的折磨，所以他才会产生轻生的想法，而作为那烂陀寺的当家人、备受人尊敬的大法藏，如此多年患有重症，为什么在觉贤讲出之前，竟会无人知晓，此其二；从后来的寺中大德师子光抨击《瑜加论》，听众云集，分明可以看出，戒贤在那烂陀寺的统治地位已经不十分牢固，他需要强化自己的地位，这也就有了编造神话的根本动机，此其三。

五印最高佛学学府的主事人是一个显赫的位置，在佛学人才云集的那烂陀寺，要长久占据这个位置，显然不是件轻而易举的事情。作为主持人的戒贤，需要一定的权术，这可以理解。但就学问而言，尤其在大乘有宗方面，戒贤可谓是当之无愧的权威。

在那烂陀寺，玄奘分别听讲《瑜伽论》三遍，《顺正理论》、《显扬论》、《对法论》各一遍，《因明论》、《声名论》、《集量论》各两遍，《中论》、《百论》各三遍。累加起来，这就已经是九门的专修课程。其他如《俱舍论》、《毗婆沙论》、《六足论》、《阿毗昙经》等若干的课程，因为之前已经在迦湿弥罗等国听专家讲过，在此仅仅也就是将自己还弄不懂的一些疑问，请教高明，释疑解惑而已。

玄奘深知为了在日后的佛典翻译工作中，要避免前人的遗憾，更准确到位地介绍宣传印度佛教的经论，语言是非常重要的工具。人在印度，是学习梵文最好的时机，玄奘也花了大量的时间，深入学习梵文语言，从口语到汉语译梵语、梵语译汉语，都做到了娴熟自如。在那烂陀寺，除了人种皮肤的差异，从语言上看，玄奘已经与寺中的本土僧人没有了多少区别，或者说，他的梵语，较之本土的僧人，或许要更标准地道一些。至于他的梵文写作能力，在日后的辩论中以及为他在印度赢得广泛的声誉，事实上也都产生了十分重要而具体的作用。

时间过得飞快，玄奘来到那烂陀寺，勤学不辍，分秒必争地苦读，眨眼之间，已经有了五个年头。留学那烂陀寺，不仅使得玄奘对于他神往已久的《瑜伽论》有了深入的领悟，通过系统的学习，也使他在佛学经论方面的造诣，有了一个质的飞跃。他可以出师了，但他并不满足，他清楚，在佛教的产生地，应该还有许多值得他继续学习的内容。他决定暂时离开那烂陀寺。

周游五印

贞观十年(公元636年),玄奘三十七岁。初春时节,他告别恩师戒贤法师,离开了那烂陀寺,怀着新的憧憬,要去周游五印,观礼还没有来得及亲眼目睹的佛教圣迹,去向更多的对佛学有所专长的其他专家学习。

从那烂陀寺出发,玄奘到达的第一站,是伊烂拏钵伐多国(今印度比哈尔邦孟格尔)。沿途先来到了迦布德迦寺。在这所寺院南面二三里的地方,是一座山,名叫孤山。山势高耸险峻,灌木丛生,泉沼澄澈,满山遍野摇曳着芬芳四溢的鲜花。山中有一所精舍,安放着檀木雕刻的一尊观自在菩萨像,传说十分灵验,周边的人们常常几十人结伴前来参拜,为了表达虔诚,他们往往七日甚至双七日绝粒断浆,然后许下自己的心愿。因为香火过旺,来的人太多,供养的人担心会因此损坏了佛像,便在像的周围竖起了木质的围栏,前来礼拜的人只允许在栏杆的外边,而不得靠近佛像，敬献的香花也只能远远地撒去。有种说法，信徒们撒去的鲜花，如果能够挂在佛像的手或臂上，便兆示着吉祥如意，所许的心愿也就都能够实现。

玄奘听说有这样的灵验，心中也正巧有事难以决断，便买了各色的鲜花，穿成花鬘，来到了佛像前。至诚地礼拜之后，跪对着菩萨，玄奘一一说出了自己心中的三件疑事：一、在印度学成，归还本国，若能够平安顺利的话，愿花挂在佛像的手上；二、几十年修行，不敢自信所修的福慧，能不能在来生到慈氏菩萨的身边，专门跟他学习，若能够如愿，愿花挂在佛像的两臂上；三、佛教中说，在芸芸众生里，有一种人不具备佛性，玄奘不清楚自己有没有佛性，若有，愿花挂在佛像的脖子上。三愿许过，鲜花撒出，竟件件如其所愿，玄奘天大的疑惑，似乎一下子也真的涣然若失了。身边礼佛的人、守护供养的人，纷纷前来向这位外国的僧人祝福，为远道来客的高兴而高兴。

离开精舍，继续前行，玄奘很快到了伊烂拏钵伐多国。该国周长三千余里，都城北临殑伽河，周长二十余里。国中有寺院十余所，僧徒四千多人，大多学小乘正量部法。不久前邻国侵入，废了伊烂拏钵伐多国的国王，连他们的都城都施舍给了佛门，建了两座大寺，各有千位僧人在内修行，修一切有部经义。在这里，玄奘遇到了两位高僧，一位叫如来密，另一位叫师子忍，都对萨婆多部有极深的造诣，于是玄奘停留了一年，师从他们学习《毗婆沙论》、《顺正理论》等。学习的闲暇，玄奘继续出去观礼圣迹，都城南有座佛塔，传说释迦牟尼曾在这里为天、人说法三年。旁边有过去四佛遗迹。还有释迦牟尼三月安居，降伏薄句罗药叉以及释迦牟尼坐石、放澡罐石遗迹。坐石上有寸深的痕迹，长五尺二寸，宽四尺一寸。

都城西南有佛塔,是室缕多频设底拘胝比丘出生处。在这儿,玄奘听说了“闻二百亿比丘故事”。故事说,从前,在此居住着一位长者,豪富无双。他晚年得子,香火得传,分外开心。有来贺喜者,长者便赏金钱二百亿,因名其子闻二百亿。这孩子娇生惯养,从小到大,脚都不曾沾地,所以脚上生出了尺多长的毛来,光润细软,色如黄金。佛陀知道这孩子有善根,便让没特伽罗子前往化缘。到了门前,却不知道怎样才能通报。长者家里信奉日神,每天晨起,都要向着太阳升起的地方祭拜。佛陀计上心来,运其神通,使他从日轮中飘然而至。长者的儿子想着这就应该是日神了吧,便将最香的饭拿出施舍。饭的香味一时播散到整个王舍城。国王也闻到了这深入骨髓的香味,就派人查问,不仅得知香味来自竹林精舍没特伽罗子从长者家抄化来的香饭,还听说了长者的儿子有奇异的脚毛。国王便下令让长者之子到宫中来,他要一开眼界。长者接到国王的命令,犯起愁来。京城遥远,乘船而去,有风波之险;坐象轿而去,又担心跌下。最后,长者决定,从家中到王舍城,自己开挖一条小河,水中多放芥子,稳放舟船,用长绳牵引,如此才平安放心。长者的儿子到了王舍城,先拜见了释迦牟尼。释迦牟尼对他说:“国王召你过来,无非想看一眼你脚上奇异的毛发。国王看的时候,你应该跏趺而坐。如若脚伸向国王,按国法可就是死罪。”长者的儿子按照释迦牟尼的叮嘱,进了宫廷。国王提出看他的脚毛,他果然跏趺而坐。国王喜欢他的这种礼貌,对他珍爱有加,他也终于平安地出了皇宫。再见佛陀,佛陀为他讲法布道。他心生觉悟,于是出家,这就是闻二百亿比丘。出家后的闻二百亿比丘精勤修习,证果心切,辛苦过度,脚都流出血来。佛陀见状,循循善诱,因势利导:“善男子,你在家的时候,对弹琴是否有所了解?”闻二百亿比丘说:“知道一些。”佛陀便以琴为比,说:“那我就说说弹琴的事。弹琴的时候，弦太紧声不合韵，弦太松调不和雅，不急不缓，其声乃和。修行也一样，过急了疲惫而心生懈怠，太放松又会情舒志逸，分寸是要注意的啊！”闻二百亿比丘听从佛陀的教诲，坚持修行，最终得以成就正果。

贞观十一年(公元637年)初春，玄奘从伊烂拏钵伐多国出发，穿过野象出没的大森林，顺恒河东行三百多里，来到瞻波国(今印度恒河南岸帕格尔普尔)。国中有寺院十所，僧徒二百余人，学小乘佛教。再东行四百多里，到羯朱嗢祇罗国(今印度恒河北拉其马哈)，国中寺院六七所，僧徒三百多人。东渡恒河，东行六百多里，来到奔那伐弹那国(今孟加拉国博格勒以北摩诃斯坦)，国中寺院二十余所，僧徒三千余人，大小乘兼修。都城西二十余里处，有跋姑婆寺，台阁崇峻，有僧徒七百人。旁边有佛塔，无忧王所建，是释迦牟尼三月说法的地方。又有四佛经行遗迹。遗迹旁边有精舍，其中有观自在菩萨雕像。向东南行九百多里，到羯罗拏苏伐剌那国(今印度西孟加拉邦中部)，国中有寺院十余所，僧徒三百余人，学小乘正量部法。东南行，来到三摩呾吒国(今孟加拉国首府达卡以南)。该国濒临大海，属于海洋性气候，润泽和畅。国中有寺院三十多所，僧徒二千多人，学上座部。信天祠外道的也有不少。距离都城不远，有一座佛塔，为无忧王建造，是释迦牟尼为人、天七日说法处。离此不远有一所寺院，寺中有一尊高达八尺的青玉佛像，相貌端严，据说常常能够散发出自然的香气，满院芬芳。

从三摩呾吒国西行九百多里，到耽摩栗底国(今印度西孟加拉邦塔姆卢克)，该国也是一个滨海国家，国中有十余所寺院，千余僧众。城边有高二百余尺的佛塔，无忧王所建，旁边有四佛经行遗迹。就在耽摩栗底国，玄奘听人讲起，在大海上，有一个岛国，叫僧伽罗国(即狮子国，今斯里兰卡)，国中有僧人对上座部三藏及《瑜伽论》很有研究，走海路行七百由旬即可到达那里。玄奘闻听欢喜，动了前往的念头。临行的时候，遇到南印度的僧人，向他说道："往狮子国，其实不必走水路。海上难行，风波叵测，从南印度东南角，水路仅走三日便可以抵达；走陆路虽然多走了些路程，但既安全，还可以到乌荼等国观礼圣迹。"

玄奘接受了南印度僧人的建议，便向西南行，到了乌荼国（今印度布巴内斯瓦尔）。国中有寺院上百所，僧众万余人，学大乘法。有佛塔十多座，均为无忧王所造。从此向西南，进入茫茫的林海，行走一千二百多里，到恭御陀国（今印度甘贾姆阿斯加）；继续在森林中向西南挺进，走一千四五百里，到羯馂加国（今印度斯里加古兰），国中有寺院十余所，僧众五百多人，学上座部法；转西北方向，前行一千八百多里，到南憍萨罗国（今印度钱德拉布尔），在这里，玄奘观礼了前代高僧龙树及其弟子圣天的各种传闻遗迹。

南憍萨罗国周长六千余里，也是一个群山环抱的国家。国都周长四十余里，土壤肥沃，地理优越，人口密集，百姓殷实。当地风俗剽悍，人生得高大伟岸，性情刚烈，学艺高明，或信佛，或信他教。国王为刹帝利种姓，崇敬佛法，尚学重艺。国中有寺院百所，僧徒万人。

在都城南不远处，有一所古老的寺院，旁边一座佛塔，为无忧王所建，是释迦牟尼大显神通、降伏了外道的地方，也是著名僧人龙猛菩萨长期生活学习的地方。龙猛也就是龙树，为大乘佛教的创始人，著作有《大智度论》、《中论》、《十二门论》、《十住毗婆沙论》等，大约生活在公元3世纪时期的南印度。据说，当时的国王非常敬重龙猛，不仅供养丰厚，安全保护工作也做得十分尽心。有一天，从狮子国来了位叫提婆的僧人，要向龙猛挑战。龙猛也早知道这位僧人的大名，遂即满盛了一钵水，让弟子端出给提婆看。提婆见此，更不答话，拿了根针投进水中。弟子将水端回，告诉了龙猛，龙猛欣喜惊叹，说："澄澈满钵的水，以比我的道德修为；提婆将针投入，直到水底，是说他能够穷尽我的学问究竟。像这样的人，自然值得与他论玄议道，嘱托以传灯之大任。"于是传话令立刻引进。两人往复论辩，英雄相惜，龙猛高兴地说："我老朽衰迈，能够使大乘佛教光耀如同慧日，就全靠你了。"提婆避席起立，礼拜龙猛说："某虽不敏，愿承教诲。"提婆又叫圣天，著作有《百论》、《广百论》等，在佛教史上也是位重要的人物。二人的这段因缘，称得上是佛教史上的一段佳话了。南憍萨罗国有位婆罗门精于逻辑学，玄奘在这里停留了一个多月，跟他学了《集量论》。

从南憍萨罗国，向东南行，在林海中行九百多里，到案达罗国(今印度安德拉邦艾洛尔)。城边有一所大寺院，建造得十分宏伟气派。寺院西南二十多里处，便是孤山，山上有座佛塔，是陈那菩萨撰写《因明论》的地方。从案达罗国向南，继续作林中行，走一千多里，来到驮那羯磔迦国(今印度南部克里希那河河口)。玄奘在这里遇到了两位僧人，一名苏部底，另一名苏利耶。两人精熟于大众部三藏，玄奘便在这里停留了数月，向他们学习大众部《根本阿毗达磨》等论，两人也向玄奘学习大乘诸论。三人谈话投机，兴趣相同，玄奘遂与二人结志同行，一道去巡礼圣迹。

玄奘一行向西南行千余里，到珠利耶国(今印度南部内洛尔)。城东南有佛塔，无忧王所造，为释迦牟尼摧伏外道的地方。城西有古老的寺院，是提婆与该寺僧人嗢怛罗阿罗汉论议的地方。转向南，穿过广阔的森林地带，走了一千五六百里，到了达罗毗荼国的首府建志补罗城(今印度马德拉斯西南康契普腊姆)。建志城是护法菩萨的本生地，护法的佛学著作有《声名杂论》、《广百论释》、《二十唯识论释》、《成唯识宝生论》等。

建志城位于印度南海口，由此到狮子国，的确仅有三日的水路。就在玄奘准备前往狮子国的时候，传来消息，说该国因国王的猝死，加上天灾，国内已经是一片大乱。凑巧，玄奘又见到了从狮子国过来的由三百多位僧人组成的僧人团，其中有两位高僧叫菩提迷祇湿伐罗、阿跋耶邓瑟哳罗。见面之后，玄奘问道："听说贵国有大德对上座部三藏及《瑜伽论》颇有造诣，眼下我正想过去，向他们学习，不知你们为何一起来到了这里？"狮子国高僧回说："我国因国王死去，又逢灾荒，难以存活，听说这里丰乐太平，又是护法菩萨的本生地，多有我佛的圣迹，便到了这里。我国僧众对于佛法的理解，也没什么人能胜过我们的，您老若有疑问，随便来问就是。"玄奘引《瑜伽论》中的主要经文向他们请教，他们说的道理也并没有超出戒贤法师的理解。

斯里兰卡舍利金塔

狮子国终于没有成行，但已经见到了该国的高僧，领教了他们的见解，玄奘也不再有什么遗憾。大约正是从狮子国僧人那里，玄奘也听到了不少有关秣罗矩吒国及狮子国的故事传说。其中狮子国与西大女国的故事非常有趣。

故事是这样的：南印度国有一女子，到了婚嫁的年龄，要嫁到狮子国。送嫁的途中,遭遇了狮子王,陪送的人吓得仓皇逃窜,撇下了新娘子留在车里。狮子来到车前,背起新娘子,逃进了深山。它采摘果子,猎获禽类,供新娘子食用。岁月一天天过去,新娘子与狮子有了自己的儿女。孩子们虽然也长相如人,但个个性情暴烈。儿子渐渐长大,问母亲说:“父亲为兽,母亲为人,我到底该属于哪一类?”母亲便向他讲述了从前发生的故事。儿子说:“人兽殊异,母亲为什么不早早离开,却要与异类长相厮守呢?”母亲说:“也动过离开的心思,只是没有逃走的机会。”此后,儿子便非常关注他父亲兽王的行踪规律。一天,见狮子去得很远,儿子便携着母亲和妹妹,逃出深山,回到了人间。到了母亲的国家,他们询问舅舅家的情况,谁知娘家早已断了宗嗣。母子三人无亲人投靠,只能权且住在了乡村。狮子王回来,不见了老婆孩子,于是恼怒下山,疯狂咆哮,有很多人被它伤害。百姓将这事报告给了朝廷,朝廷招募勇士,欲加围剿。等到看见了狮子,在狮子的咆哮声中,朝廷兵士人仰马翻,没有人敢于向前。僵持了多日,朝廷也没有想出任何降伏狮子的办法。国王于是在全国悬赏,有能够杀了狮子的,奖赏亿金。狮子的儿子看到了悬赏,回去向母亲说:“眼下我们饥寒难耐,儿子想去应招,不知道母亲的意思如何?”母亲说:“不成。它虽然是野兽,但终究也是你的父亲。如果杀了它,你以后还怎么做人!”儿子说:“如果我不去,它终不肯离开,或者进入乡村寻找我们,一旦国王知道,我们也要被处死。狮子肆虐,全因了娘和我们,国王哪里会因为我们三个而牺牲众人?再三思想,不如前去应招。”儿子终于去了,狮子看到了自己的儿子,驯顺欢喜,没有一点提防的心思。儿子将利刃插进了狮子父亲的咽喉、胸膛。狮子没有做任何的挣扎,面对自己的儿子,他慈爱情深,忍受着巨大的痛苦,圆睁着不解的眼睛,直到死去。祸害既除,国王心中当然高兴,但同时也感到纳闷,便奇怪地问:“这究竟是怎么一回事?”狮子的儿子经不住盘问,最后说出了真相。国王感慨道:“哎!如果不是兽种,又如何能理解野兽的心思!我先已悬赏,绝不食言。但你杀了父亲,就是悖逆之人,不得再居住在我的国家。”说完当即命有关的部门,多给金银珠宝,将他们逐出国门。有关

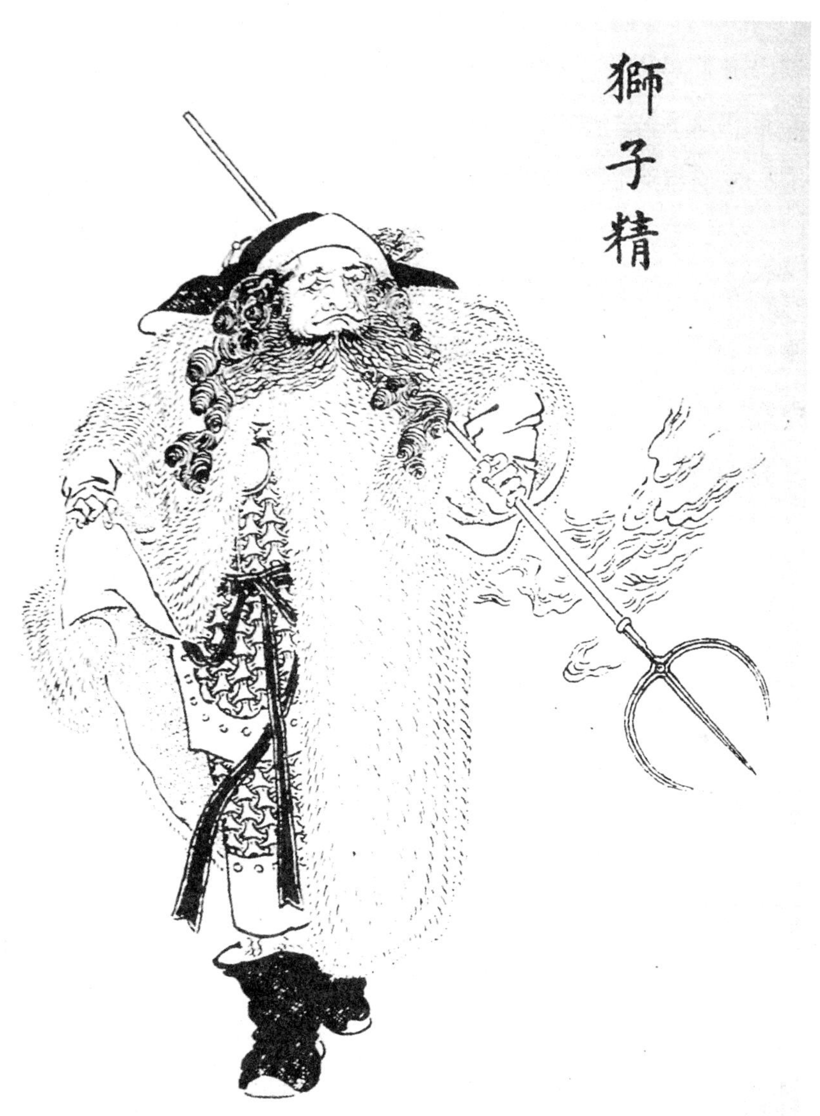

《西游记》版画

人员便将他母子三人分作两船，母亲与女儿一船，儿子独自一船，送到了大海里，任其漂流。儿子的船只漂到了一处宝岛，见此处多有奇玩，便住了下来。后来，有商人带着家属来到岛上掘宝，此儿杀了商人，留下他的女人，与她们繁衍子孙。人口既多，也就有了自己的国家。以其远祖曾经执杀狮子，号为狮子国。母亲和女儿一船，漂到了波剌斯西，为鬼魅所得，生育群女，便有了西大女国。西女国都是女人，没有男子，该国盛产珍宝，附属于拂懔国。拂懔王每年都要派了男人过去送种。该国风俗，生了男孩，一律不得养活，所以也始终都是女人。

这两个故事，在日后的“西游记故事”里，都演变成为非常重要的内容。《大唐三藏取经诗话》有“过狮子林及树人国第五”、“经过女人国处第十”，狮子林一段叙述极其简略，女人国已经专用了一章的笔墨。到了章回小说《西游记》里，西梁女国有了整整三回的文字叙述：第五十三回《禅主吞餐怀鬼孕，黄婆运水解邪胎》，叙写唐僧、八戒饮了西女国子母河的水，成了胎气，孙悟空到解阳山落胎泉取水，遭逢红孩儿的叔叔如意真仙，仇人相见，分外眼红，后得沙僧帮助，悟空终于取得落胎泉水，为唐僧、八戒解了胎气。第五十四回《法性西来逢女国，心猿定计脱烟花》，叙写唐僧师徒进入西女国都城，“言未尽，却至东关厢街口。那里人都是长裙短袄，粉面油头。不分老少，尽是妇女。正在两街上做买做卖，忽见他四众来时，一齐都鼓掌呵呵，整容欢笑道：‘人种来了！人种来了！’慌得那三藏勒马难行”。西女国女王听说唐僧师徒到来，便说：“东土男人，乃唐朝御弟。我国中自混沌开辟之时，累代帝王，更不曾见个男人到此。幸今唐王御弟下降，想是天赐来的。寡人以一国之富，愿招御弟为王，我愿为后，与他阴阳配合，生子生孙，永传帝业，却不是今日之喜兆也！”最后，还是孙悟空用计，逃脱了女王的纠缠。第五十五回，叙写唐僧刚刚摆脱女王纠缠，还未离开西女国，有蝎子精将唐僧掳走，赖昴日星官出山，降伏了妖精，救出了唐僧。

狮子国的故事，在章回小说《西游记》里，演变成为八百里狮陀岭与狮子国的故事，有长达四回的文字描写。狮陀岭的狮陀洞，住着大妖青狮子精、二妖白象精，有八万四千小妖，专门在那里吃人。三妖大鹏精住在狮驼国。三个妖怪本事很大。大妖可变大变小，大的时候能撑苍天，小的时候就如菜子，一口曾吞下十万天兵；二妖身高三丈，扁担牙，鼻似蛟龙，一鼻子卷去，就是铁背铜身，也要魂亡魄丧；三妖名号云程万里鹏，能抟风运海，振北图南，随身的阴阳二气瓶，将人装进去，一时三刻，便化为浆水。最后，孙悟空请来了文殊、普贤及如来佛，才分别将三妖降伏。在小说的叙写文字中，有孙悟空钻进大妖肚子里的一段文字，非常生动风趣，摘抄部分，以见小说家构思的神游无极及其描写叙述中的生花妙笔：

却说那老魔吞了行者，以为得计，径回本洞。众妖迎问出战之功。老魔道："拿一个来了。"二魔喜道："哥哥拿的是谁？"老魔道："是孙行者。"二魔道："拿在何处？"老魔道："被我一口吞在腹中哩。"第三个魔头大惊道："大哥啊，我就不曾吩咐你。孙行者不中吃！"那大圣肚里道："忒中吃！又禁饥，再不得饿！"慌得那小妖道："大王，不好了！孙行者在你肚里说话哩！"老魔道："怕他说话！有本事吃了他，没本事摆布他不成？你们快去烧些盐白汤，等我灌下肚去，把他哕出来，慢慢的煎了吃酒。"小妖真个冲了半盆盐汤。老怪一饮而干，洼着口，着实一呕，那大圣在肚里生了根，动也不动；却又拦着喉咙，往外又吐，吐得头晕眼花，黄胆都破了，行者越发不动。老魔喘息了，叫声："孙行者，你不出来？"行者道："早哩！正好不出来哩！”老魔道：“你怎么不出？”行者道：“你这妖精，甚不通变。我自做和尚，十分淡薄：如今秋凉，我还穿个单直裰。这肚里倒暖，又不透风，等我住过冬才好出来。”

众妖听说，都道：“大王，孙行者要在你肚里过冬哩！”老魔道：“他要过冬，我就打起禅来，使个搬运法，一冬不吃饭，就饿死那弼马温！”大圣道：“我儿子，你不知事！老孙保唐僧取经，从广里过，带了个折迭锅儿，进来煮杂碎吃。将你这里边的肝、肠、肚、肺，细细儿受用，还够盘缠到清明哩！”那二魔大惊道：“哥啊，这猴子他干得出来！”三魔道：“哥啊，吃了杂碎也罢，不知在那里支锅？”行者道：“三叉骨上好支锅。”三魔道：“不好了！假若支起锅，烧动火烟，熖到鼻孔里，打嚏喷么？”行者笑道：“没事！等老孙把金箍棒往顶门里一搠，搠个窟窿：一则当天窗，二来当烟洞。”

老魔听说，虽说不怕，却也心惊。只得硬着胆叫：“兄弟们，莫怕；把我那药酒拿来，等我吃几钟下去，把猴儿药杀了罢！”……那小妖真个将药酒筛了两壶，满满斟了一钟，递于老魔。老魔接在手中，大圣在肚里就闻得酒香，道：“不要与他吃！”好大圣，把头一扭，变做个喇叭口子，张在他喉咙之下。那怪咽的咽下，被行者咽的接吃了。第二钟咽下，被行者咽的又接吃了。一连咽了七八钟，都是他接吃了。老魔放下钟道：“不吃了。这酒常时吃两钟，腹中如火；却才吃了七八钟，脸上红也不红！”原来这大圣吃不多酒，接了他七八钟吃了，在肚里撒起酒风来，不住的支架子，跌四平，踢飞脚；抓住肝花打秋千，竖蜻蜓，翻跟头乱舞。那怪物疼痛难禁，倒在地下。

再说玄奘，与狮子国的僧人，约有七十多人，结伴而行。从达罗毗荼国向西北，一路观礼圣迹，走了二千多里，来到恭建那补罗国(今印度南部卡那塔克邦)。国中有寺院上百所，僧徒万余人，大小乘兼习。都城中王宫附近有一所大的寺院，僧徒三百多人，学问渊博，长于文采。有一所精舍，其中安放了一切义成太子的宝冠。城边寺院中有精舍，其中有慈氏菩萨的檀木雕像。城北有周长三十余里的多罗树林，这种树的叶子长而光亮，是抄写文字的上等材料。由此再向西北，穿越猛兽出没的林海，行走二千四五百里，到摩诃剌陀国(今印度孟买东北纳西克)。该国轻死重节，民风剽悍，好武尚戎，常养勇士数千，烈象数百，临战前狂饮欲醉，然后出击，所以，就连征服了五印度的戒日王，也对他们无可奈何。由摩诃剌陀国向东北行，玄奘参观了著名的佛教艺术圣地阿旃陀石窟寺，见到了从公元前2世纪阿育王时期到公元7世纪开凿的二十九个石窟。

从阿旃陀石窟向西北行，走了千余里，渡过耐秣陀河，来到跋禄羯呫婆国(今印度西部布罗奇)。继续西北行二千余里，到摩腊婆国(今印度中央邦纳巴达河以北马尔瓦)。玄奘对该国的印象很好，说这里风俗调柔，崇爱艺业，在五印度中，也只有摩揭陀国可以与之比肩。国中有寺院百余所，僧众二万余人。继续西北行，到伐腊毗国(今印度西端卡提阿瓦半岛)。国中有寺院百余所，僧众六千多人。释迦牟尼生前曾经多次来游此国，无忧王也在每处都有建筑以为纪念。

从伐腊毗国北行，走了一千八百多里，到瞿折罗国(都城故址在今印度拉贾斯坦邦巴尔梅尔)。改东南行，二千八百余里，到邬阇衍那国(今印度中央邦西部乌贾因)。再东北行，千余里，到掷枳陀国(今印度西北部彭德尔甘德地区)。北行九百余里，到摩醯湿伐罗补罗国(今印度中央邦北部瓜廖尔)，途中再返回瞿折罗国。由此北行，走了一千九百里，渡过印度河，到信度国。

再西行，到阿点婆翅罗国(今巴基斯坦南部印度河河口)，也是释迦牟尼在世的时候多次出游的地方。继续西行，二千多里，到狼揭罗国(今巴基斯坦俾路支省东南部)。返回阿点婆翅罗国，由此北行七百多里，到臂多势罗国(今巴基斯坦信德省希卡布尔)；东北行三百多里，到阿軬荼国(今巴基斯坦印度河中游)；东行七百多里，再过信度国(今巴基斯坦旁遮普省南部及信德省北部)，释迦牟尼在世的时候，也曾多次游历此国，圣迹所到，有无忧王所建佛塔为表记。由此北行九百多里，过河到东岸，便是茂罗三部卢国(今巴基斯坦旁遮普中部)；东北行七百多里，到钵伐多国(今巴基斯坦旁遮普哈拉巴)，其都城边有一所大的寺院，寺中百余位僧人，都修大乘佛教，是僧界前辈最胜子论师撰写《瑜伽师地释论》的地方，也是贤爱论师、德光论师出家修行的地方。该国有那么两三位高僧，学问渊博，玄奘在这里停留了些时间，向他们学习了佛学正量部《根本阿毗达磨》及《摄正法论》、《教实论》等。

女曲城里的大乘天

贞观十三年(公元639年),在外出漫游三年、周游了五印度以后,玄奘又回到了那烂陀寺,参见了恩师戒贤法师,向老人家汇报了三年来的见闻观感以及学习收获。

回来没过多久,玄奘又听人说起,在不远处的低罗择迦寺,有位高僧叫般若跋陀罗,对菩萨多部三藏及《声明》、《因明》等有很深的造诣,于是,征尘未去,他又风尘仆仆、马不停蹄地奔向低罗择迦寺。玄奘在这里住了两个月,就自己该方面的一些疑问,一一做了具体请教,然后又前往杖林山,拜访大德胜军论师。

胜军原本为苏刺佗国人,刹帝利种姓;幼年便勤奋好学,先后师从贤爱论师学《因明》,从安慧菩萨学《声明》、《大小乘论》,从戒贤法师学《瑜伽论》,涉猎广博,对于外籍群言、四《吠陀》典、天文、地理、医方、术数等,均能究览根源、穷尽枝叶。有记载说他"声德独高,颖五天,芳传四主。时贤不敢斥其尊德,号曰'抱蹉迦',此云食邑,学艺超群,理当食邑"(《因明入正理论疏》卷中),是在唯识学领域与戒贤伯仲齐名的人物。因为学问渊博,道德醇厚,胜军颇为时人尊崇。摩揭陀国的国王满胄王钦慕他的学问人品,曾经派使者前来邀请,要立他为国师,封给他二十个大邑,被他谢绝了。之后,又有戒日王要请他为国师,愿意将乌荼国八十个大邑封给他,并三顾茅庐,盛情礼聘,他回复道:"胜军听说:受人之禄,当忧人之事。目今胜军尚有太多的救生死荣缠的急务要做,哪里又有功夫来关心你的国家政务呢?"说完便拱手送客,连商量的余地都没给戒日王留下。从此以后,他便一心一意地在杖林山设帐授徒,讲说佛经,为周边的僧俗所信从,课堂也时时爆满,听课的人总要在几百之数。

玄奘来到杖林山,从胜军学习了《唯识抉择论》、《意义理论》、《成无畏论》、《不住涅槃》、《十二因缘论》、《庄严经论》等,又就自己学习《瑜伽》、《因明》等论时留存的一些问题,逐个做了请教。

玄奘自太宗贞观元年离开长安,转眼已经有十三四个年头,印度佛

印度桑奇第一塔

教主要的圣迹多已观礼，印度国中有名的大德高僧、佛学大师，也基本上挨个儿进行了请教问学，佛教原典中最基本的一些经论，尤其是大乘典籍，也大体搜罗完备，该是归国的时候了，玄奘不由得动了乡关之思。

所谓日有所思，夜有所梦，这天晚上，玄奘便做了一个极怪异荒诞的梦：印度最大的佛学院——自己的母校那烂陀寺，完全不见了昔日的繁盛与辉煌，满目的断垣残砾，杂草丛生，有几头水牛在那里吃草，并不见有僧侣来往。玄奘纳闷，从幼日王院的西门进去，看到第四重阁上站着位金人，相貌庄严，神光闪耀。他心中欢喜，便想登上去，却一时找不到梯子。他请求金人，要他垂手拉自己一把，金人说："我是曼殊室利菩萨。以你现在的缘分，尚不可以来到此处。"又指着寺院外边，对玄奘说："看看那边。"玄奘循金人所指望去，寺外村邑，正在一片火海之中，刹那间，又都成了灰烬。金人说："你要尽早回国。这里在十年后，戒日王驾崩，便将陷入一场灾难。切切记住。"说了，金人已经杳然不见踪迹。

玄奘惊醒，摸着脑袋，汗水淋漓。次日，他向胜军论师说起了这场怪梦，胜军说："人世无常，将来或许真的会是这样。既有如此梦兆，君也可以做些回去的准备了。"

这时已是唐朝贞观十四年的正月。印度的风俗，在这个月里，各寺院都将自己所藏的佛舍利请出，供道俗人等观礼，玄奘也随同胜军论师一道，前往参观。之后，玄奘又去礼拜了菩提树，瞻礼周围的佛教圣迹，前后八日，然后又回到了那烂陀寺。

在玄奘回来之前，那烂陀寺里，以戒贤为代表的瑜伽护法派与师子光为首的中观清辩派，已经争论得不可开交。师子光演讲《中论》、《百论》，用其中的经义，论证他所谓的关于《瑜伽论》中存在重大破绽的新发现，引起了不小的轰动，招徕了不少的听众。既然得意弟子玄奘已经回来，戒贤法师便请他为僧众开讲《摄大乘论》、《唯识抉择论》，与师子光展开辩论。玄奘既对《瑜伽论》有很深的修为，又对《中论》、《百论》逐个儿进行过深入的研究，很轻易就发现了师子光的缺陷。玄奘认为，圣人立教，只是从各自当下的情景出发，阐释着某方面的见解，相互之间，未尝有水火不容，只是后人不能够融会贯通，才以为他们互相乖反，此失误在其传人，而与佛法本身无关。玄奘又以为，师子光的问题，就出在太过执着。为了破空执与有执两端，玄奘融会瑜伽、中观见解，写成了《会宗论》三千颂，送请戒贤和寺中各位高僧指教，大家看后无不称善，遂将《会宗论》在全寺公开刊布。数次交锋，总是以师子光的理屈词穷告终。师子光原先的听众，也渐渐都跑到了玄奘的课堂上来。师子光脸上无光，感到丢了很大的面子，也不好意思再呆在那烂陀寺，便去了菩提寺。但他又心有不甘，在离开之后，还请了他的一位东印度的同学，前来向玄奘挑战。这位东印度僧人到了那烂陀，心生怯意，并没有与玄奘辩论，就悄悄地返回，这是后话。

戒日王对那烂陀寺崇敬有加。为了弘扬大乘佛法，他耗费巨资，在那烂陀寺修造了高逾十丈的鍮石精舍，此为寺中标志性的建筑之一，也是在整个印度人尽皆知的善事。这一年，戒日王御驾亲征恭御陀国，到了乌荼国，这里的僧人都修小乘佛教，认为大乘经论无非空华外道，在晋见戒日王的时候，就不无讥嘲地讲："听说大王在那烂陀寺修造了富丽的鍮石精舍，为什么不选在我们的迦波釐寺修建呢？"戒日王说："这话怎讲？"僧人说："那烂陀寺所讲的大乘，也不过空华外道，难道比我们迦波釐寺又能高明到哪儿去吗？"这里的僧众十分迷信一个叫般若毱多的老婆罗门，此人是南印度王的灌顶师，当时印度佛教另一个重镇伐腊毗国佛教圈的领袖修小乘正量部，曾经写了本《破大乘论》七百颂，被这些僧徒奉为神明。他们便拿了这本书来送给戒日王，说："这是我们信从的经典，请问：在大乘的信徒中，能找出人来，纠正其中一个字吗？"戒日王说："我听说过这样一个故事：狐行鼷鼠之辈，称自己比狮子都要威猛，一日见到了狮子，却给吓得魂亡魄散。诸位没有见到大乘各位大德，所以抱残守缺，如果见到了他们，该不会也像狐行鼷鼠吧！"僧人们说："大王如果对我们的话还不相信，何不召集他们过来，一同来对决是非对错呢？"戒日王答应了他们的要求，当即修书，派使者前往那烂陀寺，告知戒贤法师，让他选出四位高僧，前去应战。

这事发生在玄奘回到那烂陀寺与师子光论战之前。事关大乘的声誉及那烂陀寺的地位，戒贤显得十分慎重，聚集了寺中的僧众，齐来商议，最后决定派出海慧、智光、师子光、玄奘四位代表。

肩负着全寺僧众的重托，能否做到不辱使命，海慧等人实在心中没底，也为此行不无担忧。已经周游五印、遍从了名师的玄奘，却显得底气十足，充满了信心。他对海慧等人说："小乘诸部三藏，玄奘在本国以及迦湿弥罗国，都已经学过，对它们的理论主张了如指掌，所谓用它们的那些理论便可以破我大乘学说，是绝没有的道理。玄奘虽然学识浅微，但对付他们，自认为绰绰有余。请各位大德尽管放心。我若失败，也是外国僧人的事情，与各位无关。"有了玄奘的这番话，海慧等人悬着的心终于放了下来。

也就在玄奘等四人将行未行之际，那烂陀寺来了位极其嚣张的顺世派僧人，他在那烂陀寺院的山门外，公然挂出了四十条义，宣称："如果有人能击破我其中的一条，我愿意斩首谢罪。"四十条义挂在山门外，几天过去了，寺中并没有人敢于出来应战。这时，玄奘站了出来。他先让寺中为自己做勤杂的工人前往，让他扯下四十条义，尽管用脚去踩。顺世派婆罗门见一个寺中的勤杂竟如此不把自己放在眼下，心中大怒，问道："你是什么人？"勤杂回答："我是大乘天奴。"婆罗门不愿再和他讲话，一种羞辱感从心中油然生出。先兵后礼，接着玄奘让人请他进来，约定当着戒贤法师和寺内各位大德的面，正式和他辩论。博学众派，出众的口才，都使得玄奘应付裕如。他讲顺世派的来路脉络，说得头头是道，有条不紊，几番辩论，也将四十条义如蚕剥茧，批判得体无完肤。婆罗门无话可说，心服口服，起身致歉，说："我输了，愿依约定，任从处置。"玄奘说："我们大乘教徒不愿害人，从今天起，你就做我的奴仆，听从我的差遣使唤好了。"

历经艰险与苦难后的玄奘，已经历练出了过人的成熟。做任何事情，他都要追求十分完美，而不留下一丝的遗憾。为了保证乌荼之行万无一失，他想方设法，终于得到了一份完整的《破大乘论》七百颂。经过仔细的揣摩，他觉得仍有几处没有百分的把握，便向被自己征服的婆罗门请教："你听讲过这东西吗？"婆罗门说："曾经听讲了五遍。"玄奘便请他具体讲讲，婆罗门说："我现在是奴仆，哪里有奴仆教主人的道理？"玄奘说："这个宗派，我以前没有深入接触过它的理论，你只管讲就是了。"婆罗门说："那就等到晚上，不要让人知道，以免坏了您的名声。"玄奘听婆罗门讲了一遍，对其大旨已经领会于心，便寻找其破绽，用大乘理论进行批驳，并写出了《破恶见论》一千六百颂。玄奘将其呈送戒贤法师与各位大德，获得了一致的好评。

玄奘令婆罗门为奴，也仅是为了维护大乘的尊严，对于外道的一时惩处，目的也无非是杀鸡给猴看。现在，目的既然已经达到，他也决不肯再为难这婆罗门。这天，他对婆罗门说："阁下因论辩失败，屈身为奴，作为惩罚，也足够了。现在，阁下可以离开这里了。你不再是我的奴仆，你自由了。”中国僧人的大度，令婆罗门大感意外，他也庆幸自己遇到的是中国僧人。婆罗门高兴地离开那烂陀寺，来到了东印度迦摩缕波国，见到鸠摩罗王，仍不忘记要将自己遇到的中国僧人夸奖一番。鸠摩罗王从此也便一心想见到这位中国僧人。

玄奘等四人的乌茶国之行，也因为戒日王的再次来信要求缓期而没有成行。

玄奘法师的乡关之思越来越浓。就在这时，恰好有位尼乾子叫伐阇罗的人过来，听说此人精通相术占卜，玄奘便将自己心中之事说与伐阇罗，请他指教。来时途中的艰难困苦、九死一生，令玄奘仍然心有余悸；而此时满载经文、佛像，如何安全返回，成了玄奘最大的心病。伐阇罗已经听说了鸠摩罗王要派人前来迎接玄奘，于是摆出一副先知先觉的模样，对玄奘说：“这倒不必担心。自会有戒日王与鸠摩罗王派人护送，安全返回不成问题。”玄奘不解地问：“我与二王素昧平生，怎么会有此等隆恩泽及？”伐阇罗说：“鸠摩罗王已经派出使者，前来迎接大德，应该就在这两日到达。见到鸠摩罗王，自然也就会见到戒日王了。”

归国的主意已经拿定，玄奘便开始收拾行囊，庄严经像。那烂陀寺的僧人们不理解玄奘为什么要离开这佛的国度，更舍不得让如此佛门才俊就此离去，他们纷纷前来劝留，说：“印度是佛陀出生的地方。虽然圣人已经逝去，但遗踪具在，巡游礼赞，够一辈子享受了，为什么到了这里，还要离开呢？何况，您所回的中国，轻人贱法，没有佛祖降生；那里的人心志偏狭，俗念太重，我佛圣贤，因而无人去过；况且那里气候严寒，土地瘠薄，还有什么可留恋的呢？”佛陀的故乡、佛教的圣地，对于一个佛教徒，自然有着强大的诱惑力，然而，宁恋家乡一捻土，不恋他乡万两金，对祖国的热爱，使得玄奘回国的信念，正如他当时的西天取经一样，显得坚如磐石,不可动摇。他的回答有礼有节:“佛祖创立教法,以弘扬流通为贵,哪里能只贪图自己受到沾溉,而不顾及广大众生呢?再说,中土大唐,衣冠济济,堪称礼仪之邦,有可以遵循的法度;那里君圣臣贤,父慈子孝,崇尚仁义,敬老爱贤,才人辈出,自从佛法东传,都敬重的是大乘;玄奘万里跋涉,能够来到这儿,聆听妙解,观礼圣迹,也正赖我佛的护佑。怎能说因为佛祖不曾去过,就轻忽了那里呢?”僧人们见不能说动玄奘,便搬出经文说道:“经上说:诸天随其福德,共食有异。今我等和法师同住于赡部,佛陀出生在这里,却不生在彼处,如此,彼处自然为边恶之地了。那里既无福,所以我们也劝仁者还是不回去的好。”精熟于中国传统文化要义的玄奘,自然懂得什么叫以子之矛、攻子之盾,他也立刻援引经文,说道:“无垢称说:太阳为什么要运行在赡部洲?回答是:为了消除黑暗。现今我所以要回去,也正是要以我佛的学说,来为苦难中的人们带去光明而已。”

僧人们没有办法可以留住玄奘,便结伴去见戒贤法师,希望大法藏能够有锦囊妙计。戒贤却并不赞同僧人们的想法,他问玄奘:“仁者自己的意思呢?”玄奘回答:“印度是佛陀的本生地,玄奘怎么会不喜欢呢?然而玄奘的来意,是为了求法,广利众生。从到了这儿以后,承蒙老师教授《瑜伽师地论》,解决了诸多疑问,又参礼圣迹,广泛学习了各部的教义,深心庆幸,觉得不虚此行。希望能将自己所学带回祖国,翻译流通,让有缘分的人都可以分享,以此报答我师的教诲,所以不敢更多地驻留。”听了玄奘的一番话,戒贤十分高兴,说:“这正是菩萨之心,我也希望你能够这样。你就整备行装吧,诸位也不必再苦苦挽留。”

也就在这个时候,东印度鸠摩罗王派出的使者来到了那烂陀寺,送上鸠摩罗王给戒贤法师的信函。信中说:“弟子想见一见从中国来的僧人,希望法师让他随使者前来,慰我渴慕之情。”戒贤接信,也着实有些犯愁,便和僧众商量:“前些时日,戒日王曾向我们要人,去与小乘论辩,我们已经应允。玄奘是我们的论主,一旦戒日王再要我们前去,该如何是好?”于是向使者说:“中国僧人正要回国,已经没有时间再和你们过去。”鸠摩罗王又派来了使者,传话说:“法师纵然要归国,也不急在数日内。先到了我这儿,再走也来得及。务必请屈驾光顾,不要令我失望。”

戒贤迟迟没有让玄奘过去,鸠摩罗王勃然大怒,再次派来了使者,送信给戒贤法师,算是最后的通牒了,说:“弟子为凡夫俗人,向来沉湎在尘世的快乐里,对佛法没有多深的感情。现在听说了外国僧人的名字,心中欢喜,似乎萌生了学法的根芽。法师如果不让中国僧人过来,这岂不是要令我等众生永在黑夜之中!这又岂是大德光大佛法,汲引凡俗的道理!因了不胜渴慕,就再派人去请;如果不来,弟子原本就是恶人,近的例子,设赏迦王还能够坏佛法毁菩提树,法师以为弟子没有这个能耐吗?弟子自会整顿象军,将那烂陀寺踏得碎如粉尘。”

戒贤接到这封信,真的有些紧张了。他征求玄奘的意见,说:“鸠摩罗王一向缺乏善心,在他的境内,佛法也不怎么流行。他似乎听说了你,就喜欢上了佛法。或许真的你与他宿世有缘,这样看,你还是去一下为好。出家人原本就以利物为根本,眼下也正是最好的时机,机不可失。正如砍树,先断其本根,枝叶自然枯萎。若能使鸠摩罗王发善心向佛,上有好者,下必甚焉,百姓自然从化。如果断然拒绝了他,我那烂陀寺也少不了要有一场劫难了。”

于私,师命不可违,师恩不能不报;于公,诚如老师所言,弘扬佛法,乃释家弟子责无旁贷的份内之事,于是,玄奘慨然应允,遂同了使者,一道前往迦摩缕波国,前去拜会鸠摩罗王。到了迦摩缕波国,鸠摩罗王的

《西游记》版画

接待十分隆重，他率领群臣迎拜赞颂，将玄奘请进宫中，日日音乐香花供奉，乐此不疲，如此有一个多月的时间。

再说戒日王，在征讨恭御陀国凯旋以后，听说自己要请的中国僧人已经到了鸠摩罗王那里，让鸠摩罗王占了先筹，很有些不悦，当即便派使者找鸠摩罗王要人，说："这是我要请的客人，怎么会到了你那里？快快将人给我送来。"鸠摩罗王也不大高兴，想着自己刚刚好不容易请来的客人，怎么一下子反倒成了你戒日王要请的客人，这未免太过霸道，真是岂有此理，于是也不客气地对来使说："要我的脑袋可以奉送，要中国僧人却是休想。"使者如实向戒日王作了汇报，称霸五印的戒日王勃然大怒，说："鸠摩罗王竟敢如此无礼。为了一个僧人，便讲出如此卤莽不近情理的话来！"于是他再次派出使者，送话给鸠摩罗王："你既然说脑袋可以奉送，那就交给使者，让他们带回好了。"鸠摩罗王十分清楚，以自己的国力，远非戒日王的对手，也后悔一时使气失言，于是承认了自己的莽撞，并答应，马上就将玄奘送到戒日王那里。

鸠摩罗王派人作先遣，先在恒河北岸营造了行宫，然后，率领着庞大的象军，组成浩浩荡荡的船队，亲自护送玄奘，沿着恒河，向羯朱嗢祇国进发。来到行宫，安排好了玄奘，鸠摩罗王便率领众臣，到恒河南岸参见戒日王。戒日王见鸠摩罗王将人送来，态度也十分谦卑，知道他纯是因为爱慕中国僧人的缘故，也就不提旧事，只是问道："中国僧人现在何处？"鸠摩罗王回答："在我为他修造的临时行宫中安歇。"戒日王说："为什么不一道前来？"鸠摩罗王回答："大王素来钦贤爱道，怎能让远来的客人自己过来！"戒日王说："所言极是。且请先回，我明日当亲自过去，拜会客人。"

鸠摩罗王返回行宫，见到玄奘，说："戒日王虽说是明日过来，依我对他的了解，只怕过不了今晚，他就会前来，我们还是等他一下为好。他来的时候，法师也不必动身，要让他行了参见的礼节才是。"玄奘应道："玄奘代表的是佛法，理当如此。"

已经是夜间一更的时分，有人过来向鸠摩罗王报告："恒河上有数千的火炬,光明如同白昼,还有步鼓的击打声,正向我们开来。”所谓的步鼓,为戒日王专用,在他出行的时候,常常带着数百人的鼓队,行一步一击,号称节步鼓。鸠摩罗王说:“这是戒日王来了。”于是命手下擎起了烛火,亲自与众臣出门远迎。

戒日王走进行宫,到了玄奘下榻的地方,顶礼散花,参拜瞻仰,唱无量颂赞已毕,说起了曾经邀请玄奘等人的事情。闲谈中,戒日王又问:“大德从中国来,弟子听说,那里有极著名的《秦王破阵乐》歌舞曲,这秦王是怎样的人,又有什么大的功德,竟会让人如此顶礼称颂?”玄奘回道:“玄奘所在国家,每常见人具有圣贤的道德,能够为百姓除凶剪暴、泽披苍生,便歌唱赞扬。上至宗庙之歌,下讫乡村之谣,十分流行。这秦王,便是我大唐当今天子未登基之前,所封的王号。当时神州板荡,苍生无主,血流成河,尸积如山,秦王以帝子的身份,顺应天命,奋威振旅,扑剪鲸鲵,肃清妖氛,四海一统,天下安定,百姓念其恩德,故有此歌颂扬。”戒日王说:“如此之人,诚乃上苍派遣,来为民做主的!”然后对玄奘说:“弟子先回,明日来人专门迎接法师,多有辛苦。”于是告辞离去。

次日朝暾初升,戒日王的使者已经来到了行宫。玄奘在鸠摩罗王的陪同下,前往戒日王宫城。戒日王带着他的门师,约有二十余位,在宫外迎接。引玄奘进入宫廷,入坐之后,献美味佳肴,奏乐散花供养。戒日王问道:“听说法师作有《制恶见论》,能有幸拜读吗?”玄奘回答:“就带在身边,理当请大王指教。”说着便从箱中取出,呈给了戒日王。

戒日王粗读一过,高兴地向他的门师们说:“弟子听说这样一句俗语:太阳出来,烛火便失去了光明;天雷震响,锤凿也就没有了声音。老师等人信奉的宗派,已给他破得七零八落了。还能否再说说你们的道理?”众僧人面面相觑,无人再敢言声。戒日王又说:“老师们中间,上座

印度佛陀伽耶中国寺院

提婆犀那，号称理论领袖，学该众哲，正是他首倡异见，常常毁谤大乘。可他听说有异国大德要来，便去了吠舍釐观礼圣迹，这分明是托词逃避。由此也可见众位的道浅理屈。”

与戒日王共同主政的王妹，聪明伶俐，精熟于正量部义。这时王妹就坐在戒日王的身后，听了玄奘讲解大乘的深奥玄妙，益发感到小乘狭隘肤浅，心中欢喜，更是将玄奘称赞不已。

戒日王接着说：“法师讲得十分精彩，弟子与这里的论师，自然会顶礼信服。但其他国家的一些小乘外道，怕一时尚愚迷不化，本王准备为法师举办一次大会，命五印度的沙门、婆罗门、外道齐集，听法师阐扬大乘的精妙，既可以显扬大德的高超见解，也能够打击他们对大乘佛法的轻慢之心，彻底杜绝他们毁谤大乘的想法。大德高见如何？”

戒日王金口玉言，一言九鼎，下臣也立即响应，群起行动，诏令各国及其经论僧众，于某月某日，会集女曲城，观中国僧人讲论大乘佛学。

玄奘与戒日王一起，于冬初起程，逆河而上，在腊月时分，方才抵达女曲城会场。此时，五印度中，有十八个国家的国王赶到，熟知大小乘经论的僧人到会者三千余人，婆罗门及尼乾外道也到了二千余人，那烂陀寺来了千余僧众。一时之会，聚集了五印各国的多位政要以及大小乘、外道等理论界的精英才俊，真可谓群英聚会，热闹非凡。

唐贞观十五年(公元641年)春初，女曲城大会正式开幕。玄奘是当然的论主。他的立论是唯识比量，所谓："真故极成色，不离于眼识宗；自许初三摄，眼所能摄故因；犹如眼识论"(《因明入正理论疏》)。先由玄奘说讲，再由那烂陀寺僧人明贤法师将其立论读示大众，然后按照印度佛教的辩论规矩，将立论另行抄写一份，张贴在会场的正门外，声明：其间有一字破绽，被人抓住，则请斩首谢众。登台挑战擂主的自然不乏人在，那烂陀寺的僧众里便有位慧天法师，针对玄奘论中所树立的大乘之义，同玄奘展开了针锋相对的论辩，往复有多个回合，他们为了各自的"真理"，抛开昔日的同学情谊，互不相让，最终，论辨以慧天的告负结束。

五天过去了，一个个上台、下去，玄奘尽情施展着他的辩才，展示着他的渊博，更没有一个人可以将他驳倒。小乘、外道的信徒们无计可施，便动了歪脑子，企图用鬼蜮伎俩谋害玄奘。戒日王的手下很快得到情报，便报告给了戒日王。戒日王宣令："邪党扰乱本真，由来已久。其埋隐正教，惑乱众生。如果不是大智慧之人，又如何能够辨别其真伪。中国僧人，气度宏大，学识精湛，为降伏群邪，来游我国，显扬正法，汲引愚迷，妖妄之徒不知羞愧，怙恶不悛，图谋加害，是可容孰不可容！如有人胆敢伤了法师，斩首；毁骂法师者，割了他的舌头。正常的辩论与观点探讨，不在此列。"告示贴出来，威慑了不法之徒，已经十八天过去，仍没有人可以撼动玄奘的观点。

玄奘以他的魅力,感染了到会的众人。戒日王充分领略了玄奘的渊博学识与无碍辩才，也产生了由衷的崇敬之情。在大会结束的当天晚上,戒日王发起,施赠玄奘金钱一万、银钱三万、上等棉布衣一百领;十八国国王群起响应,也各自施赠珍宝,玄奘都一概谢绝。印度的风俗,凡辩经中取胜者,当骑象游街,夸示大众。戒日王命令侍臣精心挑选了一头威风凛凛的大象,上插彩旗,要玄奘坐了象轿,在贵臣陪护下,游街示众,宣告得胜,但玄奘不肯。戒日王说:“祖宗之法不可坏,这是古来的规矩,不可违背。”无奈玄奘坚决推辞,于是只能权变,用了玄奘的袈裟,游街遍唱:“中国法师立大乘义,破各种异见,十八日无人能胜,大家都应该知道了。”众人为这圆满的大会高兴,给玄奘起了不少的美名,大乘僧众称他“摩诃耶那提婆”——大乘天;小乘僧众称他木叉提婆——解脱天。人们烧香散花,礼敬之后离去。中国僧人玄奘名声大噪,成了佛国五印人尽皆知的人物。

十八日的女曲城大会顺利结束。玄奘因为此前已经与那烂陀寺的僧众作过了辞别,在结束辩论的次日,即正月十九日,便向戒日王正式辞行。戒日王说:“弟子每五年,便要在钵罗耶伽国两河间,举办一次七十五日的无遮大施,请了五印度的沙门、婆罗门与贫穷孤独者参加,广为施舍。已经办了五次,现在要举办第六次了,法师何不与我们一道,且去随喜!”这是善事,玄奘自然不好拒绝,便说:“既然国王能够不吝身外的珍宝钱财,玄奘又岂能吝啬这几十天的时间?就同大王一道前去,共襄盛举。”

正月二十一日,玄奘与戒日王一道,向钵罗耶伽国(今印度北方邦阿拉哈巴德)大施场进发。大施场位于恒河与阎牟那河交汇处,西有大墠,方圆十四五里,平坦得如同一面镜子,古来印度各国国王都在这里行施，所以名叫施场。印度人传说，在这里施舍一钱，可胜过别的地方施舍百钱，所以这里也一直格外被人们看重。

戒日王施舍五印度沙门、尼乾外道及贫穷孤独者的公告颁示在前，在玄奘他们到达施场的时候，已经有五十多万道俗人等集聚在了那里。大施总共进行了八轮，除去象、马、兵器这些用来保家卫国的工具，戒日王将五年来国家府库积蓄，并施一空，就连身上的衣服、璎珞、耳饰、臂钏、宝鬘、颈珠、发髻中的明珠，也一无剩余。施舍了所有的财富之后，戒日王向他的妹妹讨了身粗旧的衣服穿上。

戒日王施舍的璎珞、髻珠、御服等，在施舍大会后，自会由各国的国王出诸宝钱物，为他赎回。几日之后，戒日王就又恢复了他那满身的珠光宝气，依然又是光彩照人。这都是题外的话。

施舍大会也已经结束，玄奘又向戒日王辞行。戒日王仍然依依难舍，说道："弟子还想着要与法师一道，弘扬佛法，光大佛门，怎么就如此急着要回？"盛情难却，玄奘只得又停留了十多日。戒日王不舍，鸠摩罗王更是殷勤，他也对玄奘说："法师如果能到弟子的国家，愿为法师造一百所寺院供养。"

诸王的诚恳，令玄奘十分感动。然而，"锦城虽云好，不如早还乡"，胸怀天下苍生的玄奘，终究不会为个人的得失荣辱而改变归去的想法，他苦苦向戒日王解释："中国距这里十分遥远，知道佛法也很晚，况且只是粗知梗概，系统具体的理论还很缺乏，也正为此，玄奘才不辞万里迢迢，前来求法。《经》上说'障人法者，当代代无眼'，如若坚留玄奘，这是让那里无量数的人失去了知道佛法的利益，无眼的报应，岂不可怕吗？"

戒日王明白了玄奘法师去意已决，知道不可挽留，便说："弟子爱慕敬重法师的德行修为，只是希望常常供奉瞻仰，现在既然知道会损害众人的利益，内心感到惶恐，也就不再强留法师。不知法师要从哪条路回去，如果从南海走海路，当派专人相送。”

玄奘回道：“玄奘来时，到了国家的西界，遇到了位高昌国王，明睿乐法，曾给予了玄奘很多的帮助，分别时提了希望，要玄奘返程路过。此情难违，也只能舍近就远，返原路回去。”

戒日王考虑到玄奘路上所需，施赠金钱等物，鸠摩罗王也施赠了许多的珍宝，玄奘只接受了鸠摩罗王的一件曷剌釐帔，这可以在路上遮挡雨雪，其他的赠品，他都一概谢绝了。

学成归来

在小说《西游记》里，抵达西天的唐僧，就已经脱胎换骨，不再是肉体凡胎，他的返程也因此而显得轻而易举，不费吹灰之力。除了为凑够九九八十一难，人为地添出了通天河沉水一难外，其余则是一路腾云驾雾，一阵香风，就回到了长安。作为历史人物的玄奘，他从印度归来，也仍然是一个实实在在的凡人，因此他要脚踏实地，几万里的行程，一步步走过，如此，从印度返回长安，就又是三年多的时间。

唐贞观十五年(公元641年)夏初，玄奘作别了戒日王与鸠摩罗王，从钵罗耶伽国起身，终于真正地踏上了归国的途程。

玄奘带着他在印度多年收集的经论佛像，随着北印度王乌地多的人马，一道前行。戒日王送了大象一头、金钱三千、银钱一万，让乌地多带上，以备玄奘在路途上使用。

上路已有三天，戒日王、鸠摩罗王、跋吒王又率领轻骑数百，从后边赶来，还要举行第二次送别，情真意切，眷眷难舍。同时，戒日王还与四名护送的官员送来了有红泥封印的白棉布国书，敕令沿途各国用驿马相送玄奘，直送到中国国境为止。

在莽莽林海中穿行了七日，玄奘一行抵达憍赏弥国，都城南有劬师罗长者施佛园遗迹，他们便前往观礼。一行人接着向西北行，走了一个多月，经过了几个国家，再次瞻礼了天梯三宝阶遗迹。之后又继续作西北行，来到毗罗那拏国的都城，邂逅了当年从那烂陀寺出走的师子光、师子月，他们正在这里讲法。昔日的论敌，他乡的故知，师子光恳请玄奘为僧众讲《瑜伽抉择论》、《对法论》等，玄奘欣然应允，在此停留了两个月的时间。

之后一行人又继续作西北行，走了一个多月，又过了几个国家，到了阇兰达那国。此为北印度王的都城，在北印度王的盛情挽留下，玄奘住了一个月的时间。然后，北印度乌地王派人护送，向西走了二十多日，临近岁末，到了僧诃补罗国(今巴基斯坦拉乔里)。这里有百余位北地的僧人要回故乡，他们便携带了经像，随同玄奘一道行进。

从僧诃补罗国出发，走了二十多天，尽是荒无人烟的山涧、人烟稀少的谷地，多有盗贼出没。玄奘担心遭到劫掠，便常常派了一位僧人先行，遇到盗贼，就说：后边是远去求法的僧人，带的都是经、像、舍利，望施主保护，不要有非分的想法。这办法竟也真的颇为奏效，路上虽然遭遇了几起盗贼，但都得以平安无事。

出了山涧，便来到呾叉尸罗国，再次瞻礼了月光王舍千头的遗迹。迦湿弥罗国国王闻信，派人前来邀请，因考虑到辎重太多，行动不便，玄奘婉言谢绝了。逗留了七日，玄奘一行人便又向西北行。波涛汹涌的印度河横亘前方。同行的僧人等与经像一船，玄奘则乘坐大象涉

《西游记》版画

渡。船到中流，风起浪作，船几乎倾覆，船上五十夹经本及带回的花木种子尽数失落在了河水里。这让人想起《西游记》里，唐僧西天取经归来时的光景：

师徒们口里纷纷的讲，足下徐徐的行，直至水边，忽听得有人叫道："唐圣僧，唐圣僧！这里来，这里来！"四众皆惊。举头观看，四无人迹，又没舟船，却是一个大白赖头黿在岸边探着头叫道："老师父，我等了你这几年，却才回也？"行者笑道："老黿，向年累你，今岁又得相逢。"三藏与八戒、沙僧都欢喜无尽。行者道："老黿，你果有接待之心，可上岸来。"那黿即纵身爬上河来。行者叫把马牵上他身，八戒还蹲在马尾之后，唐僧站在马颈左边，沙僧站在右边。行者一脚踏着老黿的项，一脚踏着老黿的头，叫道："老黿，好生走稳着。"那老黿蹬开四足，踏水面如行平地，将他师徒四众，连马五口，驮在身上，径回东岸而来。……老黿驮着他们，躧波踏浪，行经多半日，将次天晚，好近东岸，忽然问曰："老师父，我向年曾央到西方见我佛如来，与我问声归着之事，还有多少年寿，果曾问否？"原来那长老自到西天玉真观沐浴，凌云渡脱胎，步上灵山，专心拜佛及参诸佛菩萨圣僧等众，意念只在取经，他事一毫不理，所以不曾问得老黿年寿，无言可答；却又不敢欺，打诳语，沉吟半晌，不曾答应。老黿即知不曾替问，他就将身一幌，唿喇的淬下水去，把他四众连马并经，通皆落水。咦！还喜得唐僧脱了胎，成了道。若似前番，已经沉底。又幸得白马是龙，八戒、沙僧会水，行者笑巍巍显大神通，把唐僧扶驾出水，登彼东岸。只是经包、衣服、鞍辔俱湿了。

原来，在唐僧西行的时候，曾受阻通天河，是河中的老黿将唐僧四众并白马，驮过了大河。当时唐僧十分感激，说道："老黿累你，无物可赠，待我取经回谢你罢。"老黿说："不劳师父赐谢。我闻得西天佛祖无灭无生，能知过去未来之事。我在此间，整修了一千三百余年，虽然延寿身轻，会说人语，只是难脱本壳。万望老师父到西天与我问佛祖一声，看我几时得脱本壳,可得一个人身。”唐僧一口应承,所以有了此回的一段故事。因为经卷潮湿,上岸之后,晒经的时候,“不期石上把《佛本行经》沾住了几卷,遂将经尾沾破了。所以至今《本行经》不全,晒经石上犹有字迹”。小说中的这些描写,显然是以玄奘去印度返程,在印度河失经的本事想像生发而来。

再说迦毕试王,此时正在乌铎迦汉荼城,听说玄奘法师到来,亲自赶往河畔迎接,与玄奘一道进城。玄奘在一所寺院中住下,因为要请人往乌仗那国补抄失落水中的饮光部三藏经卷,便在这里停留了五十多天。迦湿弥王听说玄奘法师已经来到近处,也过来会见参拜。

玄奘与迦毕试王相伴,向西北行走了一个多月,进入蓝波国国境。该国国王率太子等人前来迎接,先让太子回城布置,令都城中的百姓及僧众备办幢幡出城迎候,自己则陪同玄奘,缓缓进发。来到京城近郊,已有道俗数千人,幢幡招展,早在等候,大家簇拥了玄奘,进入城中。玄奘住在一所大寺院里。为表达对玄奘法师的欢迎,国王举办了七十五日的无遮大施。

由蓝波国国都出发,向正南行,走了十五日,到伐剌拏国(今巴基斯坦邻近阿富汗边境的班努);折向西北行,到阿薄健国;继续西北行,走了二千多里,出当时的印度国境,来到漕矩吒国(今阿富汗加兹尼);然后北行,走五百多里,到佛栗氏萨傥那国(今阿富汗喀布尔附近);东行,进入迦毕试国。迦毕试国王为玄奘举办了七日的大施舍,然后亲自将他送到瞿卢萨谤城,才依依告别。

玄奘一行向北进发。前方便是艰险难行的大雪山(今兴都库什山著名的塔瓦克山口)。迦毕试国王派出得力大臣,带领了一百多人,准备了充足的粮草,护送玄奘过山。一行人在崎岖的山道上艰难地跋涉,整整走了七日，方才到达山顶。山顶危峰四起，重峦叠嶂，或平或耸，参差万状。马自然是不能骑了，只能策杖而行。又走了七日，来到一处高岭，岭下有一所居住着上百户人家的村子，家家养羊，羊大如驴，这倒令玄奘大开了眼界。这天他们就歇宿在村子里。半夜继续进发，因路途中多有雪涧冰溪，稍不慎便会有坠身丧命之忧，于是请了村子里的人作向导，乘坐着惯行山路的山驼，提心吊胆，总算度过了这道鬼门关。翻过山岭后，检点随行众人，仅剩下了七位僧人、二十多位雇佣以及一头象、十头骡、四匹马。

次日下山，沿山道盘旋，眼前又现出了另一座山峰。远望皑皑白雪，到达跟前，却原来是一体的白石山岩。这座峰，要算是在玄奘所经过的山中最高的一处了，能看见的是半山腰处云起雪飞，却不知道峰顶更在何处。一行人艰难地爬行，暮色染遍了四周的时候，刚刚到达山顶。寒风凛冽，风刮得很大，想站直身子都很困难。这里地处高寒地带，草木不生，所能见到的，只有望不到边际的层层叠叠的峰笋而已。从西北方向下山，走了几里，才见到一块平地，玄奘一行就在这里安设帐篷，歇宿了一宿。

天亮了，他们继续往西北方向下山，高一脚，低一脚，磕磕绊绊，足足走了五六天的路程，来到了安怛罗缚婆国(今阿富汗安达拉伯)。在这里停了五天，稍作休整，他们又继续行进，并进入西突厥势力范围。西北方向下山，走了四百多里，到阔西多国(今阿富汗库拉姆河流域以南的南霍斯特地区)；继续西北行，又是三百多里的山路，到活国(今阿富汗昆都士)，在缚刍河边稍作停留，此为睹货罗的东界，在这里他们见到了统叶护可汗的孙子睹货罗王叶护，到他的衙所休整了一个月，叶护派人护送，让他们随同商队一起东行。走了二日，到瞢健国(今阿富汗东北部巴达克山麓)。东行进入帕米尔高原,走了三百多里山路,到泗摩怛罗国(今阿富汗东北境科克查河南)。这里的风俗,妇女头上带着三尺多高的木角,前有两歧,分别代表着丈夫的父母,上歧表示公公,下歧表示婆婆,先死一方,则去掉相应的一歧,公婆双亡,才将整个木角去掉。从泗摩怛罗国继续东行,走了二百多里,到达钵铎创那国,因为天气严寒、大雪封山,道路被阻,他们在那儿耽搁了一个多月。

由钵铎创那国向东南行,走了二百多里,来到淫薄健国(今阿富汗东北境哲尔姆附近);继续东南行三百多里,到屈浪拏国(今阿富汗东北境科克查河源头河谷地带);转向东北行,走五百多里山道,到了达摩悉铁帝国(今阿富汗东北境瓦罕地区)。该国盛产良马,体小而健。都城有一所寺院,内有一尊奇异的石雕佛像,像上有金铜圆盖,随游人围绕观瞻而旋转,人停盖亦止,让玄奘百思不得其解。出了该国向北行去,过了尸弃尼国(在今锡克南)、商弥国(今麻斯多),在帕米尔高原大峡谷中走了七百多里,到波谜罗川(今帕米尔河)。河就在两座大雪山的中间,长年风雪不歇,严寒得令人有种窒息的感觉。出了帕米尔河,向东北登山履险,走五百多里,到朅盘陀国(今新疆喀什地区塔什库尔干),该国都城建筑在山岭上,北有徙多河,水东流入盐泽(今罗布泊)。国王为人极聪慧,自称是汉日天种姓。故宫有为纪念童寿论师而修造的寺院。童寿原是怛叉始罗国人,聪颖神悟,才思敏捷,能够日诵经文三万二千言,写经论三万二千言,佛学著作颇丰,当时有东马鸣、南提婆、西龙猛、北童寿,号为“四日”的说法。朅盘陀国的先王正是因为仰慕童寿的大名,帅军出征怛叉始罗国,才将童寿“请”到了这里。

玄奘等人继续东行,在第五日,遭遇了强盗,同行的商人们仓皇纷乱地向山上逃命,玄奘运载经像的大象被逐受惊,入水溺死。盗贼散去后，玄奘与商队继续东进，冒寒履险，走了八百多里，出了帕米尔高原，来到乌铩国(今新疆莎车地区)。改北行，走了五百多里，到佉沙国(今新疆喀什疏勒一带)。

按照玄奘返程的计划，原本要到高昌，去践行他来时与高昌王的约定。这时遇到了一个于阗国的商队，其中有位叫马玄智的高昌人，告诉玄奘，高昌已被大唐灭掉，麴文泰也于贞观十四年惊忧而死。于是，玄奘取消了前往高昌的计划，改东南行，走了五百多里，渡过徙多河，翻越了一座高山，到了斫句迦国(今新疆叶城)。从此东行八百多里，到瞿萨旦那国(即于阗，今新疆和田)。

于阗处在半沙碛地带，适宜种植谷子，盛产氍毹、细毡、纯绸、白玉、黑玉，是个讲究礼仪、尚学好乐、风仪齐整的地区。该国崇重佛教，有寺院上百所，僧众五千余人，多信奉大乘佛教。国王雄智英武，尊贤重德。传说他的祖上为无忧王的太子，原在怛叉始罗国，后被逐出，到了大雪山的北部，以游牧为生，遂建都城于此。太子艰于子嗣，也常为此烦恼。一次，他去了毗沙门天庙祷告，得神灵启示，在庙中神像的额头上剖出了一个男婴。此时庙前土地上也生出一种奇味，甘甜芳香，如同乳汁，太子便用这奇味哺养孩子。此子长大，便做了国王。今王即此神子的后人。因为其先人乃地乳养大，所以于阗的正音即为地乳国。

唐贞观十八年(公元644年)岁初，玄奘来到了于阗边城勃伽夷城，并在这里停留了七日，四处观礼。城中有尊佛像，高七尺余，头戴宝冠，容颜丰满。据说，此像原在迦湿弥罗国，是后来被请放到了这里的。故事讲道：从前迦湿弥罗国有位僧人，染了重症，快死的时候，想吃块米饼。有位法师放出天眼，看见瞿萨旦那国有，便运起神通，弄了些米饼过来。僧人吃了，十分高兴，便一心想要转生此国。僧人死后，果然转生为瞿萨旦那国王子。他继位之后，才略骁雄，志在开疆拓土，于是起兵逾雪山，征伐迦湿弥罗国。兵临城下，大敌当前，迦湿弥罗王整备兵马，准备迎战。法师过来说："不劳大王兵刃，凭僧人三寸不烂之舌，自可以退他百万雄兵。"法师只身到了瞿萨旦那国军前，向国王讲起了他的前世因缘，并出示他前生的旧衣。瞿萨旦那国王心生惭愧，于是和迦湿弥罗国王结为友好，并请了他前生供奉过的佛像回国供养。瞿萨旦那国王率领他的大军，带了佛像返国，到勃伽夷城时，佛像再不能移动，便在这里修造了寺院供养。

也就在玄奘到达勃伽夷城的第七天，于阗王得到了消息，亲自来到边城，迎接礼拜。参见之后，国王留下太子在这里侍奉，自己则先回了都城。玄奘与于阗王子在后日起程，走了两天，便遇到于阗王派出前来迎接的达官显贵。此地离都城尚有四十里，天色已暗，他们只得暂停歇宿。次日，到了都城，于阗王率领道俗众人，音乐香花，早在路旁迎候。进入

新疆和田

城中，玄奘被安置在一所小乘佛教的萨婆多寺。城南十多里处有一所大的寺院，乃于阗国先王为纪念毗卢折那阿罗汉修造。

玄奘应于阗王的挽留，暂时住下。他还有不少的事情要做。一方面，渡印度河时失去的经卷尚未补齐，他便命人前往屈支、疏勒访求经卷，以便补足；另一方面，大象淹死，所携回的众多经像运送不便，需要备办相应的运载工具；第三，也是最重要的一点，出国时未得允许，私自出境，今日归来，总需要取得事后的合法，这对于日后的译经弘道能得到保障，也不可或缺。于是，趁着于阗商队就要进京的便利，事不宜迟，玄奘当即斟酌，写下了上奏大唐朝廷的表文：

沙门玄奘言。奘闻马融该赡，郑玄就扶风之师，伏生明敏，晁错躬济南之学。是知儒林近术，古人犹且远求，况诸佛利物之玄踪，三藏解缠之妙说，敢惮途遥而无寻慕者也。玄奘往以佛兴西域，遗教东传，然则胜典虽来而圆宗尚缺，常思访学，无顾身命。遂以贞观三(当为“元”之误——作者注)年四(八)月，冒越宪章，私往天竺。践流沙之浩浩，陟雪岭之巍巍，铁门巉崄之途，热海波涛之路。始自长安神邑，终于王舍新城，中间所经五万余里。虽风俗千别，艰危万重，而凭恃天威，所至无鲠。仍蒙厚礼，身不苦辛，心愿获从，遂得观耆阇崛山，礼菩提之树，见不见迹，闻未闻经，穷宇宙之灵奇，尽阴阳之化育，宣皇风之德泽，发殊俗之钦思，历览周游一十七载。今已从钵罗耶伽国经迦毕试境，越葱岭，渡波迷罗川归还，达于于阗。为所将大象溺死，经本众多，未得鞍乘，以是少停，不获奔驰早谒轩陛，无任延仰之至。谨遣高昌俗人马玄智随商侣奉表先闻。

可以说表文写得滴水不漏,既为自己当年的"偷渡"出境,向朝廷承认了错误,给朝廷一个下台的台阶;同时,对自己不曾耗费朝廷丝毫的国帑,历经艰险,九死一生,不仅取来了可以教化百姓的经文,还替大唐做了多年的义务宣传员、宣德使,作了适当的表白。其实,就在玄奘辞别戒日王踏上返程不久,戒日王便已经派出了使者,于当年抵达长安通好。在大唐朝廷,戒日王的使者很自然提起了曾经在印度风光无限的玄奘,因此,可以说在玄奘回来之前,唐朝的君臣们已经先自享受了由玄奘为大唐挣得的荣光。玄奘今日载誉而归,未进国门,又先向朝廷请示禀报,大唐天子之欣喜欢迎,正在情理之中。

小说《西游记》里的唐僧,是奉旨往西天取经的,正如作品中所写:"原来那太宗自贞观十三年九月望前三日送唐僧出城,至十六年,即差工部官在西安关外起建了望经楼接经,太宗年年亲至其地。恰好那一日出驾复到楼上,忽见正西方满天瑞霭,阵阵香风。……呆子挑着担,沙僧牵着马,行者领着圣僧,都按下云头,落于望经楼边。太宗同多官一齐见了,即下楼相迎。"而历史人物玄奘,此时仍然是私越国境归来,还在等待着朝廷的恩赦,以求得事后的合法,实现身份的转换。等待是令人备受煎熬的,但他也只能耐心地等待,等待,再等待。

在等待朝廷消息的日子里,玄奘应于阗国僧俗的邀请,为他们讲说了《瑜伽》、《对法》、《俱舍》、《摄大乘论》等经论。七八个月后,大唐来人了,唐王朝的使者带来了朝廷的诏书,果然是一团和气:"听说法师到异国访道,今已归来,欢喜无量,可即速前来,与朕相见。同行僧人中有解得梵语及经义者,也任其同来。朕已经命于阗等道,使诸国护送法师,人力车马自不成问题。敦煌地方官员在流沙迎接,鄯善在沮沫迎接。"终于有了朝廷的消息,终于得到了朝廷的承认,玄奘心中的那种兴奋,难以名状，人逢喜事精神爽，他不想再有任何的耽搁，决定马上动身。既有了大唐朝廷的旨意，于阗王更不敢怠慢，赠送的路费也格外丰厚。

玄奘很快上路了，一路东行，走三百余里，到古战地；再行三十余里，到媲摩城(今新疆策勒县以北)；进入戈壁大漠，走了二百多里，到泥壤城(今新疆民丰县北一百多公里)；进入流沙地带，狂风飞沙依旧，不毛之地仍然，但凯旋时有了官方的护送，得到了朝廷的认可，感觉中较之来时，已经有了云泥之判、天壤之别。行走四百余里，到睹货罗故国；又行六百多里，到折摩驮那故国(今新疆切末)；改东北行，走了千余里，到达楼兰(今新疆若羌县境)。

在沙州，玄奘再次上表朝廷，报告行程。当时太宗皇帝正在洛阳，见到表文，知道玄奘已经不远，遂命西京留守左仆射梁国公房玄龄责成有关方面，迎候接待。玄奘听说太宗皇帝即将御驾征辽，担心不能在出征前见驾，于是星夜兼程，倍途而进，以最快的速度，赶向京城。

唐太宗贞观十九年(公元645年)正月二十四日，玄奘风尘仆仆，风霜满面，到达了长安西郊的漕上。房玄龄得知消息，立刻派右武侯大将军侯莫陈实、雍州司马李叔眘、长安县令李乾祐前往迎接，玄奘遂从漕上入住都亭驿。

正月二十五日，玄奘在有关官员的陪同下，进入长安，所带回的经像等，据杨廷福《玄奘年谱》罗列，计有：

大乘经二百二十四部；

大乘论一百九十二部；

上座部经、律、论一十五部；

大众部经论一十五部；

三弥底部经、律、论一十五部；

弥沙塞部经、律、论二十二部；

迦叶臂耶部经、律、论一十七部；

法密部(即法藏部)经、律、论四十二部；

说一切有部(即萨婆多部)经、律、论六十七部；

因明论三十六部；

声明论一十三部。

共五百二十夹，六百五十七部。

如来肉舍利一百五十粒。

摩揭陀国前正觉山龙窟留影金佛像一躯，通光座高三尺三寸。

拟婆罗痆斯国鹿野苑初转法轮像刻檀佛像一躯，通光座高三尺五寸。

拟憍赏弥国出爱王思慕如来刻檀写真像刻檀佛像一躯，通光座高二尺九寸。

拟劫比他国如来自天宫下降宝阶像银佛像一躯，通光座高四尺。

拟摩揭陀国鹫峰山说法华等经像金佛像一躯，通光座高三尺五寸。

拟那揭罗喝国伏毒龙所留影像刻檀佛像一躯，通光座高尺有五寸。拟吠舍釐国巡城行化刻檀像等。

二十八日，大会朱雀街，护送经、像到弘福寺，可谓万人空巷，盛况空前。根据《大慈恩寺三藏法师传》中的描述，从朱雀街直到弘福寺山门，几十里长的道路，摩肩接踵，都城中的百姓士子、内外官僚，列道两旁，伫立瞻仰，以致地方上为了维持秩序，只能严令就地烧香散花，不得移动，以避免出现混乱的局面。

但就在万人喧阗之际，载誉归来的取经功臣玄奘法师，“虽逢荣问，独守馆宇，坐镇清闲，恐陷物议，故不临对”(《续高僧传·玄奘传》)。“乘危远迈，杖策孤征”的玄奘，还没有见到当朝天子唐太宗，他最看重的事业——译经工作也还没有任何的眉目，他不愿意节外生枝，不希望因为过分的张扬，炫耀自我，惹出什么是非，误了自己未来的大事。

社会活动与译经事业

小说《西游记》里写到，唐太宗在望经楼接到了唐僧，随即命令侍从："将朕御车马扣背，请御弟上马，同朕回朝。"于是，唐僧四众，便一齐随了太宗，共同进了京城长安。当日，朝廷在东阁设国宴为唐僧接风。次日上朝，太宗又命中书官前来，笔录他一宿未眠、构思而成的表彰唐僧取经功绩的《圣教序》。然后，请唐僧往雁塔寺演说真经。而"长老捧几卷登台，方欲讽诵，忽闻得香风缭绕，半空中有八大金刚现身高叫道：'诵经的，放下经卷，跟我回西去也。'这底下行者三人，连白马，平地而起。长老亦将经卷丢下，也从台上起于九霄，相随腾空而去"。在八大金刚的引领下，唐僧四众并白马回到了灵山，唐僧封旃檀功德佛，孙悟空封斗战胜佛，猪八戒封净坛使者，沙僧封金身罗汉，白龙马封八部天龙马，一时共同成佛。"西游记故事"到此结束。

但作为历史人物的玄奘，取经归来，仅仅是他伟大人生的一个阶段，也只是完成了他宏伟人生目标的局部，更为重要且十分繁重的译经工作，还等着他去做。就他的一生来看，佛经的翻译，或许更能够体现他对于历史的卓越贡献。

言归正传。再说玄奘，在将所带来的经、像、舍利等安放到了弘福寺以后，该交代的事情，都一一交代完毕，便一刻不敢耽搁，马不停蹄地奔赴洛阳，去晋见当朝皇帝唐太宗。二月一日，在洛阳宫，玄奘受到了太宗皇帝的接见。之后，太宗又在仪鸾殿再次接见了玄奘。第一次接见，应该是礼节上的见面，时间上也显得非常匆促。第二次见面，谈话就已经十分深入，也非常投机了。

说起西行的艰难、五万里行程的不易，在赞叹之余，太宗也问起玄奘："法师西行，为什么不禀报朝廷，由朝廷资助护送，而要私自出去？"玄奘的回答婉转得体："之前，玄奘也曾再三上奏，大概是诚愿微浅的缘故，没有能够得到朝廷的批准。慕道之情又太过迫切，于是便私自前往。专擅之罪，至今仍深感惭愧。"

唐太宗也想起了当初发过的禁令，便说："法师出家，与俗世隔绝，但能够为了苍生大众，舍命求法，朕觉得难能可贵，值得褒奖。如此万里迢迢，山川阻隔，风俗悬殊，法师能够平安返回，也真的令人惊异。"

玄奘对答："玄奘听说过这样一句话：乘疾风者，到天池而非远；驾龙舟者，涉江波而不难。自从陛下登基，四海清平，德笼九域，仁被八区，和煦之风吹到炎热的南国，神圣之威响彻于葱岭以外，远国的君主，就连看到了从东边飞来的一只鸟儿，尚且要认为是从上国过来，恭而敬之，何况玄奘这样一个圆头方足，真正是来自礼仪大国的人！有赖陛下的天威，此去更有何难？"

一个为了利益众生，能够将自己的生死置之度外的人；一个为了事业,如此坚忍不拔、无怨无悔的人;一个取得了辉煌业绩,仍然彬彬有礼,谦虚谨慎,不伐其功的人;一个面对九五至尊的褒奖,可以做到宠辱不惊、安之若素的人,委实令大唐王朝的缔造者太宗皇帝,油然生出种爱慕敬重之情。他对玄奘说:“这都是仁者之言,朕也如何敢当!”

作为一个踌躇满志的帝王,太宗皇帝最关心的仍是周边国家的情况,于是,他向玄奘问起了各国的物产风俗,地理形势。玄奘就自己耳闻目见,一一道来,有条不紊,太宗听了,十分高兴,对玄奘说:“佛国遥远,其圣迹法教,从前的史书中,都不得其详,希望法师能写下来,供国人参读。”

玄奘超人的毅力、不俗的谈吐、清晰的思路、丰厚的修养以及深沉练达的人格魅力,深深打动了一代圣君唐太宗。大唐王朝的缔造者不稀罕奸佞谄谀巧言令色之辈,马上得天下不易,而要天下太平、坐稳江山更难,他真的是求贤若渴。太宗对玄奘赞赏有加,认为这是位难得的旷世奇才,是他真正需要的辅弼之材,于是便动了劝玄奘还俗从政,为朝廷辅佐的念头。但高僧毕竟是高僧,当朝帝王的欣赏也不能改变他拯救红尘苦海中众生的志向,他回答道:“玄奘少年皈依佛门,信从佛法,学的多是玄宗,很少受儒家教育。今日还俗,无异是将水中之舟搁置到了陆地,用非所长,不唯难以建功,只能加速自身的腐朽。还是希望终身行道,来报答国家的养育。这对于玄奘,已经是荣幸之至。”这一番言辞坚决而不留余地,回答得也滴水不漏,太宗皇帝只好作罢。

此时,天下兵马已经集结洛阳,唐太宗将要御驾亲征辽东,他觉得与玄奘法师的攀谈意犹未尽,便提出请玄奘随同,一道前往。玄奘不好驳太宗的面子,便说:“玄奘刚从远方归来,身体疲惫,难以随驾前往。”太宗皇帝并没有想得太多,说道:“法师能够孤身作绝域之游,此行就简直是跬步之易了,为什么要推辞呢?”玄奘也只能如实回答:“陛下东征,有六军奉卫,乃讨伐乱国,诛戮贼臣,必获大捷。玄奘自想,去则无助于行兵布阵,只能是白白耗费国家的钱粮。何况,兵戎之事,为我佛门大戒,观看也属不宜。”佛门的规矩坏不得,玄奘不去的理由同样充足,太宗也不好再加勉强。

谈到玄奘与唐太宗的关系,有学者作了这样的概括:第一,玄奘在印度和中亚的影响以及他丰富的旅行知识背景,是要做“天可汗”的唐太宗所需要的,这也是《大唐西域记》编写的真实背景;第二,创业时期的杀伐及争夺地位的血腥,使唐太宗有很强烈的罪业感,他需要玄奘法师对他作心灵上的抚慰;第三,唐太宗晚年时期对佛教的护持,也奠定了日后唐高宗与玄奘友好关系的坚实基础(见冉云华《玄奘法师与唐太宗及其政治理想探微》)。此论不谓无见。

熟谙佛教发展历史、练达世事的玄奘,比谁都清楚“内阐住持,由乎释种;外护建立,属在帝王”、“不依国主,则法事难举”的道理,他晋见太宗,结交太宗,最重要的一个目的,就是希望得到朝廷的支持,来完成他译经弘法的大业。玄奘不失时机地向唐太宗提出了他的恳求:“玄奘从西域取得梵本经文,有六百多部,现只字未译。嵩山少林寺远离市廛,幽深清净,玄奘希望得到批准,前往那里,专心译经。”

太宗说:“不必到山里去。朕为穆太后在长安所造的弘福寺,也甚清静,法师就在那里译好了。”

玄奘是明白人,便说:“百姓听说玄奘从西方来,多有好奇的人要来观看,喧嚣纷杂,不免扰乱了治安,也会影响到寺中的法事,若能派人守卫,最好不过。”

太宗也正中下怀,便高兴地答应:“法师此言,可谓明哲保身,朕自会有所考虑。法师先歇上三五日，还京以后，就到弘福寺安置。所有一切需要，可由房玄龄来安排。”

三月己巳，玄奘回到了长安弘福寺，立刻着手译经的前期准备工作。为了提高译经工作的效率，他上疏朝廷，请求成立一个专门的译经班子，仿照前代，组织译场，他的要求很快得到了批复。

四月一日，在玄奘的推荐与组织下，译场正式成立。其中，“证义”十二人：长安弘福寺灵润、文备，罗汉寺慧贵，实际寺明琰，宝昌寺法祥，静法寺普贤，法海寺神昉，廓州法讲寺道琛，汴州演觉寺玄忠，蒲州普救寺神泰，绵州振音寺敬明，益州多宝寺道因；“缀文”九人：长安普光寺栖玄，弘福寺明濬，会昌寺辨机，终南山丰德寺道宣，简州福聚寺静迈，蒲州普救寺行友，棲岩寺道卓，幽州照仁寺慧立，洛州天宫寺玄则；“字学”一人：长安大总持寺玄应；“证梵语梵文”一人：长安大兴善寺玄謩。其他“笔受”、“书手”人员，也各自到位，一切准备就绪，译经工作正式开始了。

玄奘所主持的译经工作，是十分严谨认真的。其翻译的经过，先后分出十道程序。据相关资料介绍：第一，译主，译场的总负责人，在翻译时当众宣读梵本，须精通汉、梵文，透彻理解大小乘经典，为全场所信服，遇有翻译上的疑义，负判断的责任；第二，证义，译主的辅助者，与译主商讨梵文原意，对已译成的文字，审查其意义与梵本有无出入或错误，并和译主斟酌决定；第三，证文，在译主宣读梵本时，审听他所宣读的和原文有无差误；第四，书手，一称度语，将译主宣读的梵文用音译的方式记录；第五，笔受，将译主宣读的梵文用汉文对译；第六，缀文，将笔受记录的文字，按汉语文法进行整理，理顺语句；第七，参译，校勘比对梵汉文字，保证没有错误；第八，刊定，刊削冗长的句子，补充欠缺的文字，对每句、每节、每章去芜存精，使之更简要明确；第九，润文，对已经译好的文字，加以润色，使之流畅优美；第十，正字，从音韵文字学角度，审核译文的得失。程序的繁琐，正见出其工作的认真程度。

真正的佛经翻译在五月二日开始，选取翻译的第一部佛经为《大菩萨藏经》二十卷，至九月二日翻译告竣。六月十日，译无著《显扬圣教论颂》一卷；七月十四日，译《六门陀罗尼经》一卷；七月十五日，译《佛地经》一卷；十月一日，译无著《显扬圣教论》二十卷，在次年正月十五日译毕。当年，玄奘还承担了对新罗僧人留学生圆测的教学指导工作。

贞观二十年(公元646年)，正月十七日，译安慧释《大乘阿毗达磨杂集论》十六卷，闰三月二十九日译毕；五月十九日，译《瑜伽师地论》一百卷，至贞观二十二年译毕；七月，完成太宗皇帝布置的“作业”，全面介绍西行见闻的《大唐西域记》十二卷杀青，并上《进西域记表》；七月十三日，进呈已经译好的五部佛经及《大唐西域记》，上表请太宗皇帝为译著撰序。

贞观二十一年(公元647年)，二月二十四日，译世亲《大乘五蕴论》一卷；三月一日，译无性《摄大乘论释》十卷，至贞观二十三年六月十七日译毕；五月十八日，译《解深密经》五卷，七月十三日译毕；八月六日，译逻辑推理学著作《因明入正理论》一卷；又奉命译《老子》为梵文；将中土流传而在印度已经失传的《大乘起信论》译为梵文。

贞观二十二年(公元648年)，三月二十日，译《天请问经》一卷；五月十五日，译《胜宗十句义论》；五月二十九日，译世亲《唯识三十论颂》一卷。

当年六月十一日，唐太宗在坊州宜君县凤凰谷玉华宫避暑，召见玄奘。在这次召见中，太宗又一次提起了让玄奘还俗从政的话题，玄奘先谈辅弼的次要，再从道德品行、内政外交等五个方面，将太宗的道德政治大大颂扬了一番，最后说到自己平庸，而今世伊、吕之材正多，皇帝并不需要自己这样的人物，又一次婉言谢绝了太宗皇帝的请求。太宗看到玄奘“敷扬妙道”的“高志”坚定难违，只得听之任之。

在这以前，玄奘曾经几次上表，请太宗作序，这次见到了玄奘，太宗想起了这事，便向玄奘请教，问起《瑜伽师地论》究竟是怎样的一部著作。玄奘的解说应该是十分精彩的，太宗粗听了大意，便发生了兴趣，令人到京城取来，他要仔细阅读。八月，太宗撰写了《大唐三藏圣教序》，命上官仪对群臣宣读。太子李治步武乃父，也撰写了《述圣记》。弘福寺主持及京城的僧众，当然不肯错过一次千载难逢弘扬佛教的机会，遂上表请将两篇序文镌之金石，藏之永远。在太宗答应之后，寺僧怀仁等乃集王羲之书法，勒于碑石。这也自然成为有唐一代，僧人们宣扬佛教、高其身份的尚方宝剑。

西安慈恩寺大雁塔

玄奘在玉华宫一直待到十月六日。唐太宗返回长安，他才随驾一同返还。在玉华宫的这段时间里，因为太宗皇帝问起《金刚经》的事情，玄奘亲自翻译了《能断金刚般若》。

从玉华宫返回京师，玄奘就住在紫微殿弘法院，白天陪太宗聊天，晚上才回到弘法院，继续着译经的工作。

十二月八日，译世亲《摄大乘论释》十卷，次年六月十七日译毕。

十二月戊辰，大慈恩寺落成。寺院旧址原为净觉伽蓝，是太子李治为了纪念他的生母文德皇后(即长孙皇后)修建。这也是新寺称名“慈恩”的由来。新寺在都城长安晋昌坊，重楼复殿，云阁洞房，有十多所院子，一千八百九十七间房屋，总面积约三十九万一千五百平方米。因为特殊的背景，寺院的住持自然是僧界僧众都渴望得到的职位，太宗父子决定，就让玄奘来做住持。玄奘进驻寺院的那天，朝廷命太常寺卿江夏王道宗等，用九部乐及京师各寺幡盖声乐，送玄奘及其所翻经像入住，仪式相当隆重。

闰十二月二十六日，译无著《摄大乘论本》三卷，次年六月十七日译毕。

贞观二十三年(公元649年)，正月一日，译《佛说缘起圣道经》一卷；正月十五日至八月八日，译小乘一切有部《阿毗达磨识身足论》十六卷；二月六日，译小乘经《如来示教圣军王经》一卷；四月二十五日，唐太宗身体欠安，到长安南郊的翠微宫疗养，召玄奘前往陪侍清谈。玄奘与太宗谈他在五印度的见闻，兼说佛经；五月十八日，在翠微宫译大乘《甚希有经》一卷；五月二十四日，译《般若波罗密多心经》一卷。

五月二十六日，追求长生的唐太宗因为误服丹药，驾崩含风殿。贵为天子，一朝猝死，这对玄奘应该是产生了不小的震动，生命的脆弱和人生的无常，使他更有了种紧迫感。而发生在这之前的自己的高徒辩机因私通高阳公主被杀一事，也使玄奘深感宫廷环境的险恶，他随时提醒自己，且莫卷入叵测的政治漩涡里，小心小心再小心，多做事，少说话，沉默是金。

但身为住持,寺中总有纷乱的行政事务要玄奘来亲定,这自然会费去不少的时间。他只能加班加点,以提高工作效率,来弥补时间上的损失。回到了慈恩寺的玄奘,在每天晚斋后,要为寺中僧人讲授新译的经论,另外就是为外地或其他寺院前来请教的僧人答疑。对于译经工作,玄奘简直就是分秒必争地进行着。他每日都有规定的翻译任务,如果因为别的事情,白天耽搁了翻译工作,没能如期完成,夜间则要继续工作,一直到完成了预期的目标为止。也因此,玄奘常常到了三更方才睡眠,五更时分便又起身,诵读经卷,再温习新的一天所要完成的翻译内容。

七月一日,译大乘《菩萨戒羯磨文》一卷;七月十八日,译弥勒《王法正理论》一卷;七月十九日,译《最无比经》一卷;七月二十日,译《菩萨戒本》一卷;九月八日,译《大乘掌珍论》二卷;十月三日,译《佛地经论》七卷,至十一月二十四日译毕;十二月二十五日,译陈那《因明正理门论》一卷。

唐高宗永徽元年(公元650年),正月一日,译《称赞净土佛摄受经》一卷;二月一日,译最胜子《瑜伽师地论释》一卷;二月三日,译《分别缘起初胜法门经》,八日译毕;二月八日,译《说无垢称经》六卷,八月一日译毕;五月五日,译《药师琉璃光如来本愿功德经》一卷;六月十日,译《广百论本》一卷;六月二十七日,译护法《大乘广百论释论》十卷,十二月二十三日译毕;九月十日,译小乘《本事经》七卷,十一月八日译毕;九月二十六日,译大乘《诸佛心陀罗尼经》一卷。

永徽二年(公元651年),正月初八,朝集在京的瀛州刺史贾敦颐、蒲州刺史李道裕、谷州刺史杜正伦、恒州刺史萧锐,趁公事的闲暇来到慈恩寺参见玄奘,请玄奘为他们授戒说法。译经工作仍在紧锣密鼓地进行中。正月九日,译大乘《受持七佛名号所生功德经》一卷;正月二十三日，译《大乘大集地藏十轮经》十卷，至六月二十九日译毕；四月五日，译《阿毗达磨显宗论》四十卷，至次年十二月二十日译毕；五月十日，译《阿毗达磨俱舍论本颂》一卷；又译《阿毗达磨俱舍论》三十卷，五年七月二十七日译毕；闰九月五日，译《大乘成业论》一卷。

永徽三年(公元652年)，年过半百的玄奘法师深感人生世事的无常，他担心自己一朝辞世，或者形势发生了某种变化，自己冒九死一生、西行印度取来的经本，可能都将毁坏散佚于一旦，于是，他有了修造一座石佛塔，用来储藏经像舍利的想法。他上表朝廷，陈述了自己的这一想法，高宗帝很快派了中书舍人李义府来，作专门的答复。高宗的意见是，石塔工程过大，怕一时难以建成，建议改用砖造，由朝廷出资出人，不需要玄奘操劳。但在兴建的时候，玄奘依然来到了工地，亲自担砖运石。塔终于造成了，共有五层，高一百八十尺，最上层以石头建室，南面两块碑文，由著名书法家褚遂良书太宗《三藏圣教序》及高宗《述圣记》勒石。每层中心均安放了舍利。佛塔竣工的日子，玄奘亲笔写下了一篇《愿文》。本年所译之经论有：正月十六日至三月二十八日译成无著《大乘阿毗达磨集论》七卷，四月四日译成《佛临涅槃记法住经》一卷。

永徽四年(公元653年)，正月一日，开始译《阿毗达磨顺正理论》八十卷，次年七月十日译毕。五月，玄奘的母校中印度那烂陀寺僧人法长来到长安，带来了智光、慧天两位法师的书信问候，“有朋自远方来，不亦乐乎”，玄奘显得十分喜悦。

永徽五年(公元654年)，二月，法长辞行，玄奘分别修书给智光、慧天，赠送了礼物，还附上西行回国，途经印度河时失落的经卷目录，请代为抄补，便时带来。信中表达了对那烂陀师友的真切思念以及对恩师戒贤法师去世的深切哀悼：

自一辞违，俄十余载。境域遐远，音徽莫闻。思恋之情，每增延结。彼苾刍法长至，蒙问，并承起居康豫，豁然目朗，若睹尊颜。踊跃之怀，笔墨难述。节候渐暖，不审信后何如？又往年使还，承正法藏大法师无常，奉问摧割，不能已已。呜呼！可谓苦海舟沉，天人眼灭，迁夺之痛，何其速欤！惟正法藏植庆曩晨，树功长劫，故得挺冲和之茂质，标懿杰之宏才，嗣德圣天，继辉猛龙，重然智矩，再立法幢。扑炎火于邪山，塞洪流于倒海，策疲徒于宝所，示迷众于大方，荡荡焉，巍巍焉，实法门之栋干也。又如三乘半满之教，异道断常之书，莫不蕴综胸怀，贯练心腑。文盘节而克畅，理隐昧而必彰，故使内外归依，为印度之宗袖。加以恂恂善诱，晓夜不疲，衢樽自盈，酌而不竭。玄奘昔因问道，得预参承，并荷指晦，虽曰庸愚，颇亦蓬依麻直。及辞还本邑，嘱累尤深，殷勤之言，今犹在耳。方冀保安眉寿，式赞玄风，岂谓一朝奄归万古，追惟永住，弥不可任。

译经工作一如往常，紧张而有序地进行着。闰五月十八日，译《大阿罗汉提密多罗所说法住记》一卷；六月五日，译《称赞大乘功德经》一卷；九月十日，译《拔济苦难陀罗尼经》一卷；九月二十七日，译《八名普密陀罗尼经》一卷；九月二十八日，译《显无边佛土功德经》一卷；九月二十九日，译《胜幢臂印陀罗尼经》一卷；十月十日，译《持世陀罗尼经》一卷。

永徽六年（公元655年），因为门下弟子的原因，玄奘被卷入了一场辩论。事情的起因是这样的：在玄奘译成《因明入正理论》及《因明正理门论》之后，他的门徒纷纷著文，阐发论述，大肆张扬，引起了思想家吕才的注意，他针对僧徒们的种种著述，写出了三卷本《因明注解立破义图》，发表了自己不同的看法。玄奘的弟子慧立致书朝臣于志宁，进行反驳。太常博士柳宣呼应吕才，写出了《归敬书偈》，向译经僧人挑战。明濬写《答柳博士书》，再作反驳。柳宣又为吕才出谋划策，建议他将此事上奏给朝廷。如此一来二去，最终引来高宗皇帝发话，令群臣学士等齐聚慈恩寺，让玄奘与吕才直接对话，展开辩论。因为朝廷的支持，最后以僧人一方告胜。

高宗显庆元年（公元656年），改立代王弘为太子，正月二十三日，在慈恩寺为新太子设五千僧斋，黄门侍郎薛元超、中书侍郎李义府前来探望玄奘。经历了上年的一场纷争后，玄奘更清楚地认识到，朝廷的支持才是自己的译经弘法事业得以顺利进行的根本保障，于是，在薛、李问起了译经工作的进展时，玄奘提出了"内阐住持由乎释种，外护建立属在朝廷"，同时希望，朝廷能够仿效前代故事，派出大员，来为译经工作进一步把关。薛、李奏明高宗，二十七日，朝廷就派出了以左仆射于志宁、中书令来济、礼部尚书许敬宗、黄门侍郎薛元超、中书侍郎李义府及杜正伦等人组成的工作委员会，为译场翻译审阅官。二月，玄奘应邀到鹤林寺为唐高祖婕妤薛夫人落发剃度，又为德业寺尼僧数百人授戒。三月一日，玄奘上表，恳请高宗将其《慈恩寺碑》一文亲笔书写，用以勒石。前后两上表，高宗始允，以行书撰写。镌讫，四月八日举行了盛大的送迎安置仪式。

当年玄奘西行，翻越冰山、雪岭，曾经染上了风疹，也就是俗称的荨麻疹，每次发作，成片的风团，奇痒难忍，折磨得玄奘要死要活。多年以来，靠着药物控制，没有怎么发作。这年五月，因为受了点风寒，旧疾再次发作，来势十分凶猛，病情危笃，几乎不济。高宗闻报，派来了宫廷御医蒋孝璋及针医上官琮，经过全力抢救，悉心治疗，玄奘总算被救了过来。病愈后，玄奘又被高宗请进了宫中，安排在凝阴殿西阁，供养调理。

中国社会，向来有攀附名人作祖宗的传统，在形形色色的家谱里，都不难见到这种情况。作为李唐王朝的帝王们，在强调出身门第的时代，为了显示他们自己出身的尊贵，同样也不能免俗。因为李耳(老子)在中国历史上的赫赫声名，大唐的帝王们便认了他来作他们的祖先。又因为道教以老子为始祖，所以有唐一代，也一直对道教隆重有加，所谓："老子是朕祖宗，名位称号宜在佛先。"僧人们难以接受这种歧视性的排位，曾经为此多次提出他们的抗争，但都没有结果。作为当时中国佛教界的一面旗帜，玄奘在太宗时代，也为了所谓的正名，专门作过陈奏。

到了永徽六年，高宗朝又出台了一项新政，即所有"道士、僧等犯罪情难知者，可同俗法推勘"。法律面前，一律平等，这显示出大唐王朝的法制建设正在逐渐走上正轨。这原本是一件好事，但对于身为神职人员的僧人而言，却感觉自己的特殊地位再度遭到了剥夺。玄奘在生命垂危之际，仍然忘不了佛门僧众的权益及自己代言人的身份，于是又就道、佛排位及俗法推勘二事，专门向高宗作了陈奏。高宗最终答应，道、佛排序，乃先朝皇帝所定，不宜做出更改，后者可姑且取消。

待身体逐渐康复，精神稍好，玄奘又继续进行他的翻译事业。七月二十七日，开始翻译《阿毗达磨大毗婆沙论》二百卷，至四年七月三日译毕。

显庆元年十月，皇后武则天有孕，皈依三宝，向佛门祈求平安；十一月一日，赐玄奘法师袈裟等，玄奘上表致谢。十二月五日，武则天生下儿子，为了孩子能够平安长成，寄名佛门，请玄奘进宫为皇子剃度，赐名佛光王。

显庆二年(公元657年)，正月二十六日，开始译《阿毗达磨发智论》二十卷，至五年五月七日译毕。

闰正月十三日，唐高宗驾临东都洛阳，命玄奘陪侍。玄奘带译经僧五人、弟子一人，住翠微宫，得闲即进行翻译。

五月九日，高宗到明德宫避暑，再召玄奘陪侍，住飞华殿，偷闲从事翻译。大约是看到玄奘的译经工作进展迟缓，高宗遂命玄奘回积翠宫译经，并指示，可以先选从前的未译经本先行翻译，已有译本的可暂且放下。这当然是出自对玄奘身体的关心。但孰先孰后，玄奘有自己的认识和看法，重要的经文，以前的译本或有残缺，或翻译多有错误，为了不任其以讹传讹，贻误后人，玄奘仍坚持重作翻译。

作为慈恩寺住持，有各种事务性的工作烦神；地处京师热闹地方，又身为一代名僧，有许多的人事需要应酬；还不时要应召进宫，陪侍皇帝，这一切的确大大影响了译经工作的正常进行。九月二十日，玄奘上表高宗，再次提出，希望到少林寺去，免去各种干扰，专心一意于译经之事，被高宗驳回。

因为随驾洛阳，家乡近在咫尺，玄奘向高宗告了假，于是有了一次家乡之行。阔别多年，家乡早已物是人非，亲故也大多凋零辞世，玄奘的心中，不免生出些凄楚。姐姐还在，也成了垂垂老伛。多年不见，姐弟的会面，悲喜交集。问清楚了父母的坟茔位置，在姐姐的陪同下，玄奘前往祭扫。一掊黄土，早淹没在丛生的杂草中。荒草离离，狐兔出没，乱坟纵横，亏得细心的姐姐艰难地辨认出了父母的坟茔。“羊有跪乳之恩，鸦有反哺之义”，从父母的坟地回来，一代名僧玄奘心里很不是滋味。返回洛阳，他当即上表朝廷，表达了为父母改葬的想法。高宗令地方有关部门主持其事，使之顺利解决。为此，玄奘专门上了谢高宗表：

沙门玄奘启。玄奘殃深曩积，降罚明灵，不能殒亡，偷存今日。但灰律骤改，盈缺匪居，坟陇沦颓，草棘荒蔓，思易宅兆，弥历岁年，直为远隔关山，不能果遂。幸因陪随銮驾，得届故乡，允会宿心，成兹改厝。陈设所须，复蒙皇帝、皇后曲降天慈，赐遣营佐。不谓日月之光在瓦砾而犹照，云雨之泽虽蓬艾而必霑。感戴屏营，喜鲠兼集，不任存亡衔佩之至。谨附启谢闻。事重人微，不能宣尽。

十一月，大约是因为家乡之行，情绪上受了一些波动，加上翻译工作的辛苦，玄奘的身体又出了问题。高宗派御医为他调治，又将他迎进行宫，调养了一阵，待身体有所恢复，才让他再回到积翠宫。

十二月二十九日，译陈那《观所缘缘论》一卷。

显庆三年(公元658年)二月四日，玄奘随高宗返回长安。六月十二日，京师西明寺建成，凡十院，有屋四千多间，规模宏大，美轮美奂，为了昭示一种殊荣，高宗让玄奘入住，专拨上房一间，并新度十余名僧人为其弟子。

十月八日译《入阿毗达磨论》，十三日译毕。当年，玄奘还接受了日本留学僧智通、智达的指导工作。

显庆四年(公元659年)，四月十九日，译《不空羂索神咒心经》一卷；七月二十七日，译《阿毗达磨法蕴足论》十二卷，九月十四日译毕。

玄奘最看重的大乘中观经典《大般若经》，也列入近期的翻译计划。面对如此规模浩大的典籍，要顺利完成，必须排除各种干扰，于是玄奘再次上表高宗，希望能到远离京师的玉华寺译经，这次高宗同意了玄奘的请求。十月，玄奘来到玉华寺，一方面着手翻译《大般若经》的前期各项准备工作，在闰十月，同时又编译了法相宗代表著作《成唯识论》十卷本。

显庆五年(公元660年)，正月一日，工程浩大的《大般若经》正式开始翻译了。二十万颂的原典，玄奘坚持不作删削，忠实原著，其难度与工作量都可以想见。九月一日，译《阿毗达磨品类足论》十八卷，十月二十三日译毕；十一月六日，译《阿毗达磨集异门足论》二十卷，龙朔三年十二月二十九日译毕。

高宗龙朔元年(公元661年)，五月十日，译《辩中边论》三卷，三十日译毕；六月一日，译《唯识论》一卷；七月九日，译小乘《缘起论》一卷。二年(公元662年)，七月十四日，译《异部宗轮论》一卷。三年，六月四日，译《阿毗达磨界身足论》三卷；十月二十三日，长达六百卷的《大般若经》终于译毕；十二月三日，译《五事毗婆沙论》二卷，八日译毕；十二月二十九日，译《寂照神变三摩地经》一卷。

高宗麟德元年(公元664年)，正月一日，译《咒五首经》一卷。

正月三日，众译经僧人建议再译《大宝积经》，玄奘已经感觉到力不从心。他勉强翻译了数行，摇摇头，无奈作罢，对僧众说："此经与《大般若经》部头仿佛，玄奘死期将至，再没有这个力气了。"就此，玄奘也结束了他一生孜孜以求的译经事业。

初九日，在跨过房后的一条不大的水沟时，玄奘不慎跌了一交，胫上有些破皮，伤势似乎并不严重，但他却因此而一病不起。

西安兴教寺玄奘墓塔

玄奘自知死期将至，向弟子嘱以后事，说："在我无常后，一切从俭，用席子裹送，选择山涧僻静处安置可矣。"

二月五日夜半，一代伟大的高僧玄奘，永远合上了他的双眼，享年虚六十五岁。据说，就在玄奘辞世前，他的一位高昌弟子，曾经梦见了一座高大庄严的佛塔忽然坍塌，说这是玄奘将逝的征兆；还有位僧人，在夜间看到了两位身高丈许的神人，抬了朵花三层、叶长尺余、大如车轮、光净可爱的白莲花，送到了玄奘法师的房内，说这是佛国派来迎接法师的使者。这当然是僧人们编织出的美丽神话，但也正反映了玄奘法师在当时僧众中的崇高地位。法师死的时候，右手支颐，左手伸左腿上，舒足重累右胁而卧，这与释迦牟尼的卧佛造型如出一辙。

玄奘病逝的消息传到京师，僧俗沉痛哀悼，高宗为之罢朝数日。四月十四日，遵照玄奘法师生前的遗嘱，将他安葬在了浐水之滨的白鹿原。总章二年(公元669年)，敕命移葬樊川北原，营造塔宇。神龙元年(公元705年)，敕于东、西二京各建一所佛光寺，追谥玄奘为大遍觉法师。

生前身后名

“文章千古在，光焰万丈长”，玄奘法师卓越不群的贡献，历史将永远铭记。唐太宗贞观二十二年八月，《瑜伽师地论》译成，太宗皇帝应玄奘之请，为其撰写《大唐三藏圣教序》，序中对于玄奘西行取经及归国后的译经事业，都给予了极高的评价：

有玄奘法师者，法门之领袖也。幼怀贞敏，早悟三空之心；长契神情，先包四忍之行。松风水月，未足比其清华；仙露明珠，讵能方其朗润。故以智通无累，神测未形，超六尘而迥出，只千古而无对。凝心内境，悲正法之凌迟；栖虑玄门，慨深文之讹谬。思欲分条析理，广彼前闻；截伪续真，开兹后学。是以翘心净土，往游西域，乘危远迈，杖策孤征。积雪晨飞，途间失地；惊砂夕起，空外迷天。万里山川，拨烟霞而进影；百重寒暑，蹑霜雨而前踪。诚重劳轻，求深远达。周学西域，十有七年，穷历道

玄奘雕像

邦，询求正教。双林、八水，味道餐风；鹿苑、鹫峰，瞻奇仰异。承至言于先圣，受真教于上贤，探赜妙门，精穷奥业。一乘、五律之道，驰骤于心田；八藏、三箧之文，波涛于口海。爰自所历之国，总将三藏要文，凡六百五十七部，译布中夏，宣扬胜业。引慈云于西极，注法雨于东垂。圣教缺而复全，苍生罪而还福。湿火宅之干焰，共拔迷途；朗爱水之昏波，同臻彼岸。

鲁迅先生在他的名篇《中国人失掉自信力了吗？》一文中说：

我们从古以来，就有埋头苦干的人，有拼命硬干的人，有为民请命的人，有舍身求法的人……虽是等于为帝王将相作家谱的所谓“正史”，也往往掩不住他们的光耀，这就是中国的脊梁。

已故前中国佛教协会会长赵朴初先生曾评价玄奘，说道：

玄奘法师为祖国赢得了当时两大文明古国间学术上最高的荣誉，他实际上已成为印度佛学发展到最高峰的首屈一指的集大成者。玄奘大师确实是我们民族的光荣和骄傲。他是历史上中国佛教优良传统最典型、最圆满的体现者。作为一个佛教徒，他的确为生长他的时代做了他所能做的一切。他的充实饱满的一生，为我们树立了光辉的榜样。他那种勇往直前、绝不后退的坚强意志，刻苦钻研、求深求透的治学精神，严肃认真、不弃寸阴的工作态度，他对于祖国学术的无限责任感，对于各国友好的真挚热情，都是永远值得我们钦佩和学习的。

我国著名学者季羡林先生对玄奘法师的评价是：

在佛经翻译史上，玄奘可以说是开辟了一个新的时代。

玄奘在中国佛教史上是一个继往开来承先启后的关键性人物。

综观玄奘的一生，无论是在佛经翻译方面，还是在佛教教义的发展方面，他都做出了划时代的贡献，他在这两方面都成了一个转折点。

玄奘这个人和他这一部书(《大唐西域记》)，对加强中印两国人民的传统友谊和互相学习、互相了解已经起了而且还将继续起不可估量的作用。玄奘的大名，在印度几乎是妇孺皆知、家喻户晓。正如我们在本文开始时写到的：他已经成了中印友好的化身。至于《大唐西域记》这一部书，早已经成了研究印度历史、哲学史、宗教史、文学史等等的瑰宝。我们几乎找不到一本讲印度古代问题而不引用玄奘《大唐西域记》的书。

海外尤其是印度学者，对玄奘法师，也都给予了极崇高的评价。印度学者柏乐天这样认为：

无论如何，玄奘是有史以来翻译家中的第一人。他的业绩，将永远被全世界的人们铭记着。我深感荣幸的是，这位伟大的翻译家曾经践履过我自己的乡土。这位伟大的中国人值得我们歌颂，值得赞扬。中印两国是兄弟之邦，玄奘的翻译，是中华民族最伟大的文化遗产之一。假如不冒昧的话，我还很想说，它是中印两大民族的共同遗产。

印度孟加拉佛陀达摩法会秘书长达摩帕尔如是评价：

在古往今来的所有时代，在印中文化关系史上，玄奘确乎是一个起了最为重大作用的人物。作为跨越万水千山的印中友谊使徒和悠悠文明古国的伟大学者，玄奘法师的肉体虽然已经不在我们人间，但他依然活在每一个印度人的心灵深处。倘若没有他那字字珠玑般的著作，我们印度的历史就不会完整。通过他的著作，我们印度人今天才能了解我们的祖先在各个领域所取得的种种成就。因此，我们对玄奘法师感激不尽。

在印度学者编写的《印度通史》中，也这样说道：

他几乎访问了印度的每一个邦，记下了对这个国家的古迹、人民和宗教的无数正确观察。中国旅行家如法显和玄奘，给我们留下了有关印

蒙文《玄奘传》

度的宝贵记载,不利用中国的历史资料,要编写一部完整的印度史是不可能的。

历史是公正的,中国乃至世界其他国家的人民,都不会忘记玄奘法师所做出的历史功绩。在今天的那烂陀寺遗址附近,建有玄奘纪念堂,供世界各国人民凭吊参观。2004年,基于玄奘法师对亚洲佛教及中华文化的杰出贡献,以及在他身上体现出的那种海纳百川的开放胸怀,那种勇猛精进、百折不挠的追求精神,国务院新闻办将玄奘与孔子、孟子、老子、孙子、屈原并列为中国第一批对外宣传的历史圣贤。为配合2006年的中印友好年,早在2005年6月,由中央电视台发起的纪念玄奘法师的大型跨年度、跨国界文化考察活动《玄奘之路》就已经启动。

在以提倡"某某精神"为时尚的今天,在我们大力倡导"某某精神"、对"某某"进行充分地褒奖,以此作为一种导向,用来引导世风,作养一种社会正气的时候,"玄奘精神",似乎尤其不该为我们遗忘。而"玄奘精神"的内涵,在如上所引赵朴初先生的话语里,事实上已经有了很好的总结,这便是:充实饱满的一生,勇往直前、绝不后退的坚强意志,刻苦钻研、求深求透的治学精神,严肃认真、不弃寸阴的工作态度,对于事业的无限责任感。此外，还有他对于祖国的拳拳挚爱，学成回国、报效国家的赤子情怀。在我们重铸民族精神的时候，“玄奘精神”，应该是一笔极宝贵的历史资源。

让我们铭记玄奘法师的历史贡献！铭记这不仅“感动中国”，且足以“感动世界”的“玄奘精神”！因为，就像鲁迅先生所说的那样，只有这，才是真正的中国的脊梁，是中华民族精神中最伟大的优秀成分。玄奘法师千古！

玄奘取经与《西游记》

《西游记》叙写的是唐朝初年僧人玄奘赴印度取经的故事，但小说中所写，与历史上的玄奘取经，已经有了本质的区别。取经故事在经历漫长的传播过程以后，到了集大成的《西游记》，所呈现的，已经是一个全新的面貌。其与历史比，正可谓判若云泥。且以取经的主人公玄奘为例，比较历史人物与文学形象的描写，撇开细枝末节，举其大端，看一下他们之间究竟存在着什么样的不同。

首先，从玄奘的出身来看。作为历史人物的玄奘，俗姓陈，本名祎，祖籍颍川(今属河南许昌)，出生于洛州缑氏县游仙乡控鹤里凤凰谷陈村(今河南偃师市缑氏镇陈河村)。他的家族，据说远可以推到汉朝的太丘长仲弓。而有确切文字记载的近世先人，其高祖陈湛，在北魏做过清河太守；曾祖陈钦，做过北魏的上党太守、征东将军，封爵南阳郡开国公；祖父陈康，在北齐做过国子博士、国子司业、礼部侍郎，食邑河南。父亲陈慧，身长八尺，人物清秀，喜褒衣博带，是一位很有些魏晋六朝名士做派的儒者，州郡曾多次举荐他为孝廉，也曾授陈留、江陵县令，大约都做了不多久，便挂冠辞去，回到了故乡，过耕读课子的隐居生活。玄奘的母亲宋氏，是曾经官洛州长史的宋钦的女儿。这在封建时代，是一个典型的官僚读书世家。

玄奘的出家，却是有着几许的无奈。其五岁丧母，十岁丧父，因为二哥少年出家洛阳净土寺，便将他带到了寺中。十三岁的时候，朝廷下诏，要在洛阳剃度二十七名僧人，玄奘被主持选拔的大理寺卿郑善果看中，"果深嘉其志，又贤其器貌"(《大慈恩寺三奘法师传》)，遂将他破格录用。

而《西游记》中的唐僧出身，在《陈光蕊赴任逢灾，江流僧复仇报本》一回中，有具体的描写。小说交代，海州书生陈萼字光蕊，进京应考，得中状元。跨马游街的时候，为丞相殷开山家小姐温娇结彩楼抛绣球打中，招赘为婿。后被选为江州知州，前往上任途中，在洪江渡口，被艄公刘洪、李彪打劫，陈光蕊被杀而抛尸江中。殷小姐身怀有孕，要为陈光蕊留下一点血脉，委曲求全，勉强跟随了刘洪。刘洪冒名顶替，到江州上任。不久，殷氏产下了一个男婴，即为将来的玄奘。刘洪回来，要将他除掉。在殷小姐百般恳求下，刘洪答应留到明日天亮，抛入江中。次日，刘洪有事外出，殷小姐写下血书一纸，将玄奘的父母姓名、跟脚原由，备细开载；又将其左脚一个小指咬下，以为日后验证；然后取贴身汗衫包裹了玄奘，来到江边，放在一块木板上，推入水中，任其漂流，听天由命。玄奘吉人天相，在木板上，顺着水流，竟一直漂到了金山寺脚下。寺中长老法明和尚正在坐禅，仿佛听得江中有婴儿啼声，来到江边，果然见涯边一片木板上，睡着一个婴儿。长老慌忙将其救起，看到怀中血书，知道了他的来历，便给孩子取了乳名江流，托人抚养，并将血书紧紧收藏。转眼间江流儿长到一十八岁，长老叫他削发修行，为他取法名叫玄奘。一个偶然的机会，玄奘知道了自己的身世，于是按照师父的吩咐，扮作化缘和尚，到了江州，见到了母亲。殷氏给玄奘一只香环，让他去寻找婆婆；又写了封书信，让玄奘去找外公殷丞相带兵马前来，捉杀贼人，为生父报仇。朝廷军队来到了江州，刘洪被捕正法。陈光蕊得龙王救护未死，一家三代再得团圆。玄奘为报法明长老之恩，就在金山寺出家。

吴承恩像

小说中人物玄奘的出身，离奇怪诞，竟是一个不折不扣的神话；而作为历史人物玄奘的出身，却是一个现实的故事，平淡朴实，真真切切。

其次，从取经缘起来看。小说《西游记》里的玄奘西天取经，一是如来佛要传经给东土，第八回《我佛造经传极乐，观音奉旨上长安》中写到，佛祖释迦牟尼在灵山大雷音宝刹举办盂兰盆会，聚集了诸佛、阿罗、揭谛、菩萨、金刚、比丘僧、尼。释迦牟尼讲演大法：

如来讲罢，对众言曰："我观四大部洲，众生善恶，各方不一：东胜神洲者，敬天礼地，心爽气平；北巨芦洲者，虽好杀生，只因糊口，性拙情疏，无多作践；我西牛贺洲者，不贪不杀，养气潜灵，虽无上真，人人固寿；但那南赡部洲者，贪淫乐祸，多杀多争，正所谓口舌凶场，是非恶海。我今有三藏真经，可以劝人为善。”诸菩萨闻言，合掌皈依，向佛前问曰：“如来有那三藏真经？”如来曰：“我有《法》一藏，谈天；《论》一藏，说地；《经》一藏，度鬼。三藏共计三十五部，该一万五千一百四十四卷，乃是修真之经，正善之门。我待要送上东土，叵耐那方众生愚蠢，毁谤真言，不识我法门之旨要，怠慢了瑜迦之正宗。怎么得一个有法力的，去东土寻一个善信，教他苦历千山，询经万水，到我处求取真经，永传东土，劝化众生，却乃是个山大的福缘，海深的善庆！谁肯去走一遭来？”当有观音菩萨，行近莲台，礼佛三匝道：“弟子不才，愿上东土寻一个取经人来也。”

二是大唐朝廷举办超度法会的需要。小说写到，泾河龙王因在行雨中违背了玉帝的旨意，更改了时辰，克扣了点数，要被处决，知道行刑官为大唐丞相魏征，遂向太宗皇帝求救。魏征梦斩泾河龙，使太宗无意中失信于龙王，被龙王告到了阴曹。太宗的魂魄被拘到了阴曹，赖魏征昔日的朋友——在阴曹做了判官的崔珏为他打点，私增阳寿，借给他大量的冥币，散发给阴曹中的饿鬼，使他得以顺利地还阳。临别，太宗答应崔珏，还阳之后，当做一水陆大会，超度阴间的孤魂游鬼。还阳以后，太宗便邀请诸僧，最后选举出玄奘法师做坛主，主持法会。观世音菩萨奉如来佛法旨寻找取经人，也到了会场。在听了玄奘的谈佛说法后，观世音上前说道：“你这小乘教法，度不得亡者超生，只可浑俗和光而已。我有大乘佛法三藏，能超亡者升天，能度难人脱苦，能修无量寿身，能作无来无去。”唐太宗得知有如此妙法，当下传令，暂收了法会，等派人往西天取来大乘真经，再秉丹诚，重修善果。玄奘主动请缨：“贫僧不才，愿效犬马之劳，往西天与陛下求取真经，祈保我王江山永固。”太宗大喜，与玄奘拜了结义兄弟，派玄奘往西天取经（见《西游记》第十二回）。

在小说里，玄奘的西行取经，充其量只是为帝王分忧，充当了一个传经、取经的中间使者而已。其故事描写，同样是超现实的神话。

而作为历史人物的玄奘，他的西行印度取经，却与此有着根本的不同。正如后来玄奘在上高昌王启中所说的：

遗教东流，六百余祀，腾、会振辉于吴、洛，谶、什钟美于秦、凉，不坠玄风，咸匡胜业。但远人来译，音训不同，去圣时遥，义类差舛，遂使双林一味之旨，分成当、现二常；大乘不二之宗，析为南北两道。纷纭争论，凡数百年。率土怀疑，莫有匠决。

他不明白，为什么同样是由娑罗双树下灭度的佛祖释迦牟尼创建的佛教理论，要在后世分成当常、现常两派；而在传来中国以后，更会形成如此观点悬殊的宗派理论。而翻译的经典，也因为不同的版本，各有各的译法，此隐彼显，此显彼隐，断章残篇，令人难辨真赝，一无适从。西行求取真经，解决当时中国佛教所存在的问题，就成了玄奘西去印度最根本的原因。

唐高祖武德九年（公元626年），京城长安来了位中印度那烂陀寺的僧人波颇。波颇在兴善寺译经传法，轰动了长安，佛教界人士纷纷前往向他请教。波颇向长安僧众介绍了印度佛教的情况，讲到了大乘经典《十七地论》，以及自己的老师、瑜伽中观学派的当今领袖戒贤大法藏。波颇的介绍，更激起了玄奘西行印度求取真经的想法。取得原本的《瑜迦十七地论》真经，用来破释目前国中佛学界所有的疑窦，成了玄奘最大的愿望。

而在玄奘之前，他的先辈们，就已经开始了漫漫西天取经的事业。东晋有高僧法显，曾经在隆安三年（公元 399 年），前后用了十四年的时间，周游了当时中亚、印度、斯里兰卡等三十四个国家，在义熙八年（公元 412 年）返还；后秦的高僧智猛，在弘始六年（公元 404 年）西行，元嘉元年（公元 424 年）返还；南北朝时期，有高僧智严，曾经西行到罽宾国求法，命丧域外。追寻前辈的踪迹，学习他们的精神，玄奘也要像他的先辈那样，远行求法，利导众生。

玄奘先是联合了志同道合的僧人，联名上书，希望得到朝廷的允准，拿到出国的护照。此时，建国还不到十年的唐朝，迫于突厥的压力，采取的是封锁边境的闭关锁国政策，在这样一个背景下，玄奘的上书不被批准，正在情理之中。有诏不许，受挫而志弥坚，玄奘等待着机会的降临。唐朝贞观元年（公元 627 年）秋八月，在关东、河南、陇右沿边一带，发生了严重的霜灾。朝廷“下敕道俗，随丰四出”，玄奘西行的机会终于到来。凑巧有位在京学习《涅槃经》的秦州僧人学成回乡，玄奘便与他结伴，裹在成群的流民队伍里，私自出了京城，踏上了西行的征途。

历史上玄奘的取经缘起完全是一种个人的自觉，既没有释迦牟尼传经东土的神话，也非为大唐朝廷举办法会的需要，而是一种发自伟大志向的私人行为；而为了这伟大的志向，他在“有诏不许”的情况下，甚至是冒着触犯国法的危险。

其三，从玄奘的结局来看。小说《西游记》中写到，到了西天灵山以后，唐僧便已经脱胎换骨，不再是肉身凡胎。他的返程，也就变得轻而易举，不费吹灰之力。“唐僧等俱身轻体健，荡荡飘飘，随着金刚，驾云而起”（第九十八回）；“却说八大金刚使第二阵香风，把他四众，不一日，送至东土,渐渐望见长安”(第一百回)。而“太宗自贞观十三年九月望前三日送唐僧出城,至十六年,即差工部官在西安关外起建了望经楼接经”。这一天,太宗又来到望经楼,“忽见正西方满天瑞霭,阵阵香风”,原来是金刚护送唐僧已经来到了长安的上空。太宗接了玄奘一行四众,到了京城。唐僧归来之后,太宗皇帝为他举行了接风洗尘的国宴;当晚也兴奋莫名,一宿不眠,构思了一篇《圣教序》,在次早的朝会上宣读;接着是到雁塔寺,请唐僧演讲真经。在众臣随从下,唐太宗与玄奘来到了寺里。“长老捧几卷登台,方欲讽诵,忽闻得香风缭绕,半空中有八大金刚现身高叫道:‘诵经的,放下经卷,跟我回西去也。’这底下行者三人,连白马,平地而起。长老亦将经卷丢下,也从台上起于九霄,相随腾空而去”,随了金刚,到西天授职。唐僧授封旃檀功德佛,孙悟空授封斗战胜佛,猪八戒授封净坛使者,沙僧授封金身罗汉,白龙马授封八部天龙马。

历史人物玄奘,从贞观元年(公元627年)八月离开长安西行,到贞观十五年(公元641年)夏初辞别印度戒日王与鸠摩罗王正式踏上归途,再到贞观十九年(公元645年)正月,取经返回长安,前后有十九个年头。而取经归来,也仅是实现了其宏大志向的一部分,从此直到辞世,又是十九年的时间,主要的工作便是从事佛经的翻译,这也是他

吴承恩故居

对于历史所做出的十分重要的贡献。

唐高宗麟德元年(公元664年),正月一日,玄奘译出了《咒五首经》一卷;正月三日,众译经僧人建议,再译《大宝积经》,玄奘已感到力不从心,勉强翻译了数行,便摇摇头,无奈地作罢,对僧众说:"此经部轴与《大般若》同,玄奘自量气力不复办此,死期已至,势非赊远。"就此搁笔,结束了他一生孜孜以求的译经事业。初九日,玄奘在跨越寺院中的一条小水沟时,不慎跌了一交,仅仅是胫上有些破皮,却因此而一病不起。二月五日半夜去世,享年虚六十五岁。

从玄奘的故事到《西游记》小说,前者是历史,后者乃文学创作;前者属于历史史实,后者则成了神话故事,二者有着天壤之别,其本质的差异是显而易见的。

玄奘取经从历史到神话的演变,经历了一个十分漫长的过程。对此演变过程,有关的探讨已多,这里就不再赘言。令人感兴趣的是为什么会出现这样的变化,也即出于什么样的原因,使得一个原本的历史故事,竟逐渐演变成为一个光怪陆离的神话。粗粗归纳,其原因大致有这样三点:

首先,玄奘故事本身,就已经包孕了可供人们想象的巨大的空间,是其在后世被逐渐神话化的根本土壤。

玄奘西行印度取经,前后十九个年头,穿越戈壁大漠,翻越高山雪岭,渡过激流大河,走过烟瘴荒林,逃脱盗匪劫掠,真正的九死一生,挑战生命的极限,创造了生命的奇迹。且看数例:

在莫贺延碛,"长八百余里,古曰沙河,上无飞鸟,下无走兽,复无水草",玄奘孑然一身,顾影惟一,迷失了道路,寻野马泉不得,取水袋饮水,失手落地,滴水不剩。"四夜五日无一滴沾喉,口腹干焦",终于倒下。

到了第五天的半夜，一阵凉风吹来，死而复生，赖识途老马，找到了泉水，走出了八百里莫贺延碛(《大慈恩寺三奘法师传》)。

过葱岭北隅之冰山，“其山险峭，峻极于天。自开辟以来，冰雪所聚，积而为凌，春夏不解，凝冱汗漫，与云连属，仰之皑然，莫睹其际。其凌峰摧落横路侧者，或高百尺，或广数丈，由是蹊径崎岖，登涉艰阻。加以风雪杂飞，虽复履重裘不免寒战。将欲眠食，复无燥处可停，唯知悬釜而炊，席冰而寝。七日之后方始出山，徒侣之中馁冻死者十有三四，牛马逾甚”，玄奘又度过了一个艰难的关口。

在北印度波罗奢森林中，玄奘一行遭遇劫匪，所带衣资被劫掠一空，又被驱赶到一处枯池中，要进行集体屠杀。幸亏随同的小和尚机灵，发现“池南岸有水穴，堪容人过，私告法师，即相与偷出”。疾走二三里，见到村民，召集了数十人，赶到枯池，救出了同伴。

在中印度，前往阿耶穆佉国的途中，行进在恒河上，遭遇一队信奉突伽天神的劫匪。劫匪每年秋天要寻一位长相出众的人来做牺牲，祭祀天神，见到玄奘仪容伟丽，便要以他作牺牲。已经“治地设坛，和泥涂扫”，将玄奘绑送上了祭坛，突遇天变，“黑风四起，折树飞沙，河流涌浪，船舫漂覆”，迷信的劫匪以为招致了天怨，才将玄奘放生。玄奘再次逃过一劫。

往返行程五万余里，环境之恶劣，非常人可以想象，所以，对于玄奘能够到达印度，并安全返回，在当时的人，就已经觉得匪夷所思。如玄奘尚在瓜州，将要穿越戈壁大漠之前，一胡人老者就向他说：“西路险恶，沙河阻远，鬼魅热风，遇无免者。徒侣众多，犹数迷失，况师单独，如何可行？愿自料量，勿轻身命。”在他穿过沙漠戈壁，到了高昌国的时候，高昌王麴文泰更是惊诧莫名：“弟子思量碛路艰阻，师能独来，甚为奇也。”甚至为他的这种行动与造化“流泪称叹不能已已”。而在玄奘取经回到长安以后，太宗接见时也说：“但念彼山川阻远，方俗异心，怪师能达也。”的确，玄奘创造了一个个生命的奇迹，与现代西方文学中所塑造的各种硬汉相比，他称得上是硬汉中的硬汉，他所用生命谱写的故事，本身就已经是“神话”，所以，玄奘取经故事被民间神话化，实也在情理之中（以上引文均见《大慈恩寺三奘法师传》）。

其次，一个僧人的故事，取经的内容，宗教题材本身，先天就已经具有着神秘的色彩和因素，这对于玄奘故事的演变为神话，也产生了极为重要的影响。

宗教一词，源于拉丁文“religare”。该词有“联系”的意思，即沟通神、人之间的关系。费尔巴哈在其《基督教的本质》中说：宗教是对于“无限的东西的意识，就是说，宗教是而且只能是人对自己的本质——不是无限的、有止境的，而是无限的本质——的意识”。近代哲学家克利说：“就余所知，宗教是我们内面的至高至善与外界的至高至善之契合。换句话说，就是内心中所发现的上帝之寻找外界所发现的上帝。我最爱下面关于宗教的一段解说，说宗教是‘我们内面的无限企图与外界更大的无限相接触相交通之一种不朽的追求’。”（《近代名哲的宗教观》）梁漱溟先生说：“宗教者，出世之谓也。方人类文化之萌，而宗教萌焉；方宗教之萌，而出世之倾向萌焉。人类之求生活倾向为正，为主，同时此出世倾向为反，为宾。一正一反，一主一宾，常相辅以维系生活而促进文化。”（《东西方文化及其哲学》）宗教的性质，决定了神秘主义必然与其相伴而生；而它们对于现实的反映，也只能是一种虚幻曲折的超现实的反映。

作为宗教的一支，佛教自然也不例外，同样具有着神秘主义的特性。就以玄奘法师奉诏所著的《大唐西域记》为例，其中就颇不缺乏所谓的前世今生、灵异神变等故事。如卷六载释迦牟尼之降生,“菩萨生已,不扶而行于四方,各七步,而自言曰:‘天上天下,惟我独尊。今兹而往,生分已尽。’随足所蹈,出大莲花。二龙踊出,住虚空中而各吐水,一冷一暖,以浴太子”。既生之后,有阿私多仙“自远而至,扣门请见。(释迦牟尼之父净饭)王甚庆悦,躬迎礼敬,请就宝座,曰:‘不意大仙今日降顾。’仙曰:‘我在天宫,安居宴坐,忽见诸天群从舞蹈。我时问曰:何悦豫之甚也?曰:大仙当知,赡部洲中,释种净饭王第一夫人今产太子,当证三菩提,圆明一切智。我闻是语,故来瞻仰。’”此谓释迦牟尼不凡之来历。又载:释迦牟尼为太子时,见有死象当道,“乃举象高掷,越度城堑。其象堕地,为大深坑,土俗相传为象堕坑也”,此谓释迦牟尼天生神力,不同常人。又卷八载,无忧王嗣位之初,“举措苛暴,乃立地狱,作害生灵。周垣峻峙,隅楼特起,猛焰洪炉,铦锋利刃,备诸苦具,拟像幽途。招募凶人,立为狱主”。入此人间地狱,鲜能侥幸生还。一日,有僧人无辜被逮,投掷其中,“沙门既证圣果,心夷生死,虽入镬汤,若在清池,有大莲花而为之座。狱主惊骇,驰使白王。王遂躬观,深赞灵佑”。无忧王由此悔悟,改恶从善,成为护法之王。又如释迦牟尼证道之菩提树,先是早期的无忧王“兴发兵徒,躬临剪伐。根茎枝叶,分寸斩断”,放在“次西数十步”,令信奉拜火教的婆罗门烧之以祠天。然“烟焰未静,忽生两树,猛火之中,茂叶含翠”,使无忧王感悟,乃“以香乳溉余根,洎乎将旦,树生如本”。后来,此菩提树又经无忧王妃、设赏迦王先后砍伐焚烧,都无法将其铲除,也不可不谓之神异(以上引文均见《大唐西域记》)。

而作为一代高僧玄奘,只身一人,行走五万余里,取经归来,在僧俗看来,他有着不同凡俗的“神异”是十分自然的。就以史实性的《大慈恩寺三藏法师传》来看,卷十写玄奘的辞世,在其死前,“至(正月)八日,有弟子高昌僧玄觉因向法师自陈所梦,见一浮屠端严高大,忽然崩倒,见已惊起,告法师。法师曰:‘非汝身事,此是吾灭谢之征。’”又,“至(正月)十六日,(玄奘)如从梦觉,口云:‘吾眼前有白莲花,大于盘,鲜净可爱。’十七日,又梦见百千人,形容伟大,俱著锦衣,将诸绮绣及妙华珍宝,从法师所卧房室以次庄严遍翻经院内外,爰至院后山岭林木,悉竖幢旛,众彩间错,并奏音乐;门外又见无数宝辇,辇中香食美果色类百千,并非人中之物,各各擎来供养于法师”。又,“至二月四日夜半,瞻病僧明藏禅师见有二人各长一丈许,共捧一白莲花如小车轮,华有三重,叶长尺余,光净可爱,将至法师前。擎华人云:‘师从无始以来所有损恼有情诸有恶业,因今小疾并得消殄,应生欣庆。’法师顾视,合掌良久,遂以右手而自搘颐,次以左手申左髀上,舒足重累右胁而卧,暨乎属纩,竟不回转,不饮不食品”。而在玄奘去世的时候,传说:“又慈恩寺僧明慧业行精苦,初中后夜念诵经行,无时懈废,于法师亡夜夜半后,旋绕佛堂行道,见北方有白虹四道从北亘南贯井宿,直至慈恩塔院,皎洁分明,心怪所以。即念往昔如来灭度,有白虹十二道从西方直贯太微,于是大圣迁化。”这种种神异,自然也就成为日后在玄奘故事的传播过程中向神话发展的根芽。

第三,玄奘取经故事的民间传播渠道,市民大众所具有的传奇志怪的审美嗜好,则使得玄奘故事向神话转变成为必然。

在中国古代,原本就有喜好奇异的传统,如郭璞《注山海经叙》说:“闳诞迂夸,多奇怪俶傥之言。”而干宝《搜神记序》称其志怪“亦足以明神道之不诬”;唐传奇更是“作意好奇”。到清人李渔《闲情偶寄》,甚至旗帜鲜明地提出:“古人呼剧本为传奇者,因其事甚奇特,未经人见而传之,是以得名,可见非奇不传。”这种喜好谈奇说怪的传统,实因为读者受众的情趣喜好所决定。宋元以来,随着都市社会的发展,市民阶层崛起，以市民大众为对象的大众文艺——说书艺术，适应其对象的需要，对谈奇说怪表现出了更加浓厚的兴趣。说话艺术中的说小说有“烟粉、灵怪、传奇、公案、朴刀赶棒，发发踪参之事”，说经则“谓演说佛书”。而说书艺术的“说国贼怀奸从佞，遣愚夫等辈生嗔；说忠臣负屈衔冤，铁心肠也须下泪。讲鬼怪令羽士心寒胆战；论闺怨遣佳人绿惨红愁。说人头厮挺，令羽士快心；言两阵对圆，使雄夫壮志。谈吕相青云得路，遣才人着意群书；演霜林白日升天，教隐士如初学道。噇发迹话，使寒门发愤；讲负心底，令奸汉包羞”，其主题，大抵即不外乎谈奇志怪，讲说灵异。

在唐人变文中，有《唐太宗入冥记》残卷，唐人张鷟《朝野佥载》卷六具体记载了其内容。在这有关取经缘起的内容最初进入说唱艺术的记载中，还透露出这样一个信息，即取经故事在当时已成为市民百姓感兴趣的一个话题。而今所见及的说经话本《大唐三藏取经诗话》，一般认为应当是在南宋时期的临安刊刻，不过，也有学者从诗话中二十八首诗的用韵，考证其属于晚唐五代西北方言之音韵系统，据以认为《诗话》当形成于晚唐五代之际。至于在甘肃安西榆林及肃北所发现的西夏中叶的取经壁画，则足以说明，在 11 世纪末到 12 世纪初的北宋时期，取经故事在西北地区的民间已经相当风行。金院本《唐三藏》(已佚)，宋元戏文《王母蟠桃会》、《陈光蕊江流和尚》，元杂剧《鬼子母揭钵记》、《唐三藏西天取经》、《二郎神醉射锁魔镜杂剧》、《二郎神锁齐天大圣杂剧》，明人《西游记杂剧》以及元代《西游记平话》等，蜂拥而出乐此不疲的以取经故事为内容的通俗文艺作品，在在说明，取经故事在民间，有着广泛的受众市场，受到了市民大众的由衷欢迎。

而正是在这民间传播的渠道中，取经故事很快地向神话方向演变。保存在《太平广记》卷九十二“僧六”里的唐人李亢《独异志》佚文《玄

奘》,颇值得注意:

沙门玄奘俗姓陈,偃师县人也。幼聪慧,有操行。唐武德初,往西域取经。行至罽宾国,道险,虎豹不可过。奘不知为计,乃锁房门而坐。至夕开门,见一老僧,头面疮痍,身体浓血。床上独坐,莫知来由。奘乃礼拜勤求,僧口授《多心经》一卷,令奘诵之,遂得山川平易,道路开辟,虎豹藏形,魔鬼潜迹。……初,奘将往西域,于灵岩寺见有松一树,奘立于庭,以手摩其枝曰:"吾西去求佛教,汝可西长;若吾归,即却东回,使吾弟子知之。"及去,其枝年年西指,约长数丈。一年忽东回,门人弟子曰:"教主归矣!"乃西迎之,奘果还。至今众谓此松为摩顶松。

《独异志》其书今已亡佚,具体内容不得而知,但其为志怪灵异一类,当没有疑问。而其采录自民间传说,从上所录《玄奘》一条,也能够见出。从此条还可以看出,取经故事在唐代,就已经开始了向神话转变的进程。

到了说经话本《大唐三藏取经诗话》,取经故事的神话化就已有了质的飞跃。西天取经的护法神"花果山紫云洞八万四千铜头铁额猕猴王"白衣秀才诞生。白衣秀才"九度见黄河清",八百岁时,偷吃西王母的仙桃,"被王母捉下,左肋判八百,右肋判三千铁棒,配在花果山紫云洞";"历过世代万千,得知法师前生两回去西天取经,途中遇害";随意可以出入天界;能够作法将主人家新妇变作一束青草,手中金环杖"变作一个夜叉,头点天,脚踏地,手把降魔杵,身如蓝靛青,发似朱砂,口吐百丈火光",降伏白虎精等,已经具有后世小说《西游记》中孙悟空形象的雏形。而玄奘的结局,也与小说《西游记》庶几仿佛:"十五日午时五刻,天宫降下采莲船,定光佛在云中正果。法师宣公不得迟迟,匆卒辞于皇帝。七人上船,望正西乘空上仙去也。九龙兴雾,十凤来迎,千鹤万祥,光明闪烁。”取经故事在这里已经转变成为神话。而以后的“西游记”戏曲、平话等,则是进一步丰富了取经故事神话的内容。

取经故事的流变,既直接决定了小说《西游记》的神话性质,也对其艺术形式、叙事观点,乃至于思想倾向等,产生了重要的影响。

首先,民间传播的渠道,服务于市民大众的描写“取经”故事的各种文学艺术创作,奠定了小说《西游记》在形式上所具有的游戏色彩与诙谐风格的基础。

鲁迅说《西游记》“实出于游戏”,当代有学者也认为“《西游记》是一部游戏之作”,的确,《西游记》中的游戏色彩是十分明显的。然而,对于《西游记》里的游戏色彩、诙谐特色,却显然不能尽归于吴承恩的“敏而多慧”、“复善谐剧”,事实上,取经故事在民间传播的过程中,便已经在相当程度上具有了这些特征。先看《大唐三藏取经诗话》中的例子。其中《过狮子林及树人国第五》一节,写到玄奘一行来到树人国,随行小行者被人家作法,变作一头驴,吊在厅前,惹恼了猴行者,却将人家年方二八的新妇变作一束青草,放在驴的嘴边,使主人惊恐认错。又《经过女人国处第十》,写一行来到女人国,女王要将他们留下:“起咨和尚,此是女人之国,都无丈夫。今日得睹僧行一来,奉为此中起造寺院,请师七人,就此住持。且缘合国女人,早起晚来,入寺烧香,闻经听法,种植善根;又且得见丈夫,夙世姻缘。不知和尚意旨如何?”玄奘拒绝,女王又说:“和尚师兄,岂不闻古人说:‘人过一生,不过两世。’便只住此中,为我作个国主,也甚好一段风流事!”再看《西游记平话》佚文,其中车迟国斗圣一段:先是唐僧与伯眼大仙比坐禅,伯眼的徒弟拔下一根头发,变作狗蚤,去咬唐僧，被孙悟空磕死；孙悟空则拔下一根毫毛，变作自己的替身，站在唐僧身边，真身来到金水河边，和将一块青泥，放在伯眼的鼻凹里，变作青母蝎，在伯眼脊背上咬了一口，使其掉下禅床。接着比猜柜中物，皇后事先告知了伯眼，是颗桃子，孙悟空变作焦苗虫，飞入柜中，吃得只剩下了桃核，告知唐僧，结果唐僧再赢。第三步，是孙悟空与鹿皮大仙比油锅里洗澡。孙悟空令山神、土地帮忙，让千里眼、顺风耳守着锅边，使鹿皮不能出来，终于化为一把烂骨头。而他自己，一个跟头跳进油锅，“变做五寸来大的胡孙，左边搭右边躲，右边搭左边去，百般搭不着”，就在大家都以为他也死在了锅里时，他突然跳了出来，叫：“大王有肥枣么？与我洗头。”最后是比割头。行者割了头又接上，伯眼割了头，正待要接，行者念动咒语，来了条大黑狗，将伯眼的头衔了去。这与《西游记》所写，几无二致。诙谐、滑稽，其实正是市民大众的性格；而取经故事的诙谐、滑稽色彩，最初也正由民间渠道所赋予。

其次，取经故事的民间传播渠道，也决定了其叙事上所采取的是民间视角。

关于《西游记》的主旨，“或云劝学，或云谈禅，或云讲道”，众说纷纭，种种不一。为什么会如此地歧见纷出，这固然有不同的读者各自

吴承恩墓

不同的眼光的原因,更与其书本身的民间叙事、内容庞杂直接相关。《西游记》第七回写到在镇压了孙悟空的大闹天宫之后，要举办“安天大会”,“玉帝传旨,即着雷部众神,分头请三清、四御、五老、六司、七元、八极、九曜、十都、千真万胜,来此赴会,同谢佛恩。又命四大天师、九天仙女,大开玉京金阙、太玄宝宫、洞阳玉馆,请如来高座七宝灵台,调设各班坐位,安排龙肝凤髓,玉液蟠桃。不一时,那玉清元始天尊、上清灵宝天尊、太清道德天尊、五炁真君、五斗星君、三官四圣、九曜真君、左辅、右弼、天王、哪吒,玄虚一应灵通,对对旌旗,双双幡盖,都捧着明珠异宝,寿果奇花,向佛前拜献”。不仅是神仙谱系庞杂,而且,在对于儒、释、道的认识上,也都是依照着民间想象,故事也是老百姓想象里的故事。

其三,取经主持人与取经故事中实际主角的分离错位,一方面塑造了成功的典型,另方面却也不免喧宾夺主之讥。

玄奘作为西天取经的主角，这是历史的原本。随着取经故事的流变,猴行者的介入,取经故事的主角在其传奇色彩不断加强的同时也逐渐发生了转移。诚如论者所说:《西游记》的“故事情节虽然是写唐僧取经,实际上却是以孙悟空为主角,所以贯串取经首尾的其实是孙悟空。从孙悟空出世,为求长生而修道,以至学道成功而大闹天宫,招致被压在五行山下;到皈依佛门,愿修正果,保护唐僧经历苦难去求经;最后取得真经,封斗战胜佛,这是作品的中心线”。或者如有的研究者所说,一部《西游记》,甚至可以说就是一部孙悟空的大传。其实,这种转变,在《大唐三藏取经诗话》里就已经初具端倪。《诗话》十七则文字,缺首则,在其余十六则文字中,第二、三、四、五、六、七、十一、十四等诸多文字,都主要是猴行者的表演;而对玄奘比较集中的叙写,也仅有第九、十、十五、十六、十七等则。猴行者俨然已成为西行取经的主心骨。

客观地讲,《西游记》的人物描写艺术获得了巨大的成功,其所塑造的唐僧、孙悟空、猪八戒等形象,也都称得上性格鲜明,生动传神。然而,“唐僧取经”终竟不是“孙悟空取经”,“历史”形成的孙悟空成为西天取经的实际主角及到达西天取得真经的真正功臣,与玄奘作为取经队伍主持人、领袖的成为傀儡、事实上的摘桃者,也使得《西游记》恰恰跌入了一个先天就有的悖论,一个难以弥合的漏洞及遗憾。这一点,我们也无须为之避讳。

由玄奘取经到《西游记》,从一段真实的历史史实演变为一部光怪陆离的长篇神话,经历了一个漫长的历史过程,有其客观的必然性的原因。而民间传播的渠道,市民大众的审美趣尚,既为取经故事向神话演进插上了想象的翅膀,是其演变成为神话文学典范的功臣,同时,也带来了某些负面的影响,如主题的驳杂与描写上的偏离重心。后世读者对于《西游记》一书所谓大旨的歧见纷出的理解,实亦文本使然;而所有为弥合前七回与正文文字间缝隙的煞费苦心,看来终究也只能是一种徒劳。

后　　记

“金杯银杯,不如老百姓的口碑。”闲来无事的时候,常想:历史上的玄奘取经故事,能够进入民间传说的渠道,被老百姓津津乐道,传说了上千年,并有了一部集大成式的章回小说《西游记》问世,原因固然不止一端,但其中有一点却不可忽视,这便是玄奘取经的事迹,真的感动了百姓,使人们发自肺腑地感到敬佩。

是的,在我们将拥有现代化的设备,驾驶着摩托车,穿越“死亡之海”,仍视作“挑战极限”,媒体上连篇累牍地大肆炒作的时候,我们是否知道,一千多年前,一位僧人,背着行囊,骑了匹老马,孤身独个,凭着坚定的信念和超人的毅力,已经从原始戈壁大漠上走出?这僧人,便是唐朝初年的玄奘!往返五万余里,取经归来的玄奘,才真的是“挑战生命的极限”,不仅创造了生命的奇迹,更创造了一个凡人难以创造的神话。人们没有任何理由不对他五体投地地景仰。而“取经故事”

的盛传不衰，正是人们对玄奘伟大壮举的充分肯定，也是对一代高僧最好的纪念。

“取经故事”使得玄奘不仅享誉国内，更扬名海外，使之家喻户晓、妇孺皆知。玄奘的蜚声海内外，千余年以来，仍得到人们的纪念，“取经故事”功莫大焉。然而，如果我们仅仅限于了解“取经故事”里的唐僧，而不知道历史上的玄奘，却也难免买椟还珠之讥。因为，所有围绕玄奘取经的一切传说，终归还是为了纪念玄奘，所以，我们同样也就没有任何理由，不去了解历史上的玄奘。

上网浏览，见到这样一则文字：“调查表明，在四大名著中，根据《西游记》改编的电影或者电视剧，最为人们关注，其中有96%的人看过改编的电影或者电视剧。可是在电影《大话西游》之后演绎的一场热热闹闹的名著‘大话’风中，《西游记》已被糟蹋得出了格，还有一些无厘头风格的读物《悟空传》、《星光灿烂猪八戒》、《沙僧日记》等相继问世，漫画版《西游记》书中孙悟空、唐僧、沙僧、猪八戒的造型一个比一个时髦，唐僧是一头白色的长发，牛魔王的发型也是在韩国漫画中随处可见的‘碎发’，铁扇公主的造型则是袒胸露臂，竟然还有孙悟空出家前的三角恋等，人物造型已让人找不到原版《西游记》里人物的特征。”成为“唐僧肉” 的《西游记》，在形形色色的改编狂潮中，已然被啃得鲜血淋漓、体无完肤；而在各类改编之作风靡社会的时候，读经典名著《西游记》的人则日见稀少，而了解《西游记》中的主人公唐僧的历史原型——玄奘法师者，更是寥若晨星。

为了这不应该忘却的遗忘，为了那千余年来的执著的纪念，我们有必要正本清源，还玄奘法师以历史原本的面目，告诉人们一个真实的“唐僧”，于是，有了这本《话说唐僧》的写作。而这一想法得以实施，要感谢佘晓灵先生与朱海华女士的玉成。还要感谢我的老师王立群教授在百忙中为拙作撰序，感谢我的大学同窗洛阳市人民政府办公室李征先生惠赐的玄奘故里照片，感谢为本书付出了劳动的编辑先生。是为记。

话说唐僧

著　　者 / 冯保善

出 版 人 / 谢寿光
出 版 者 / 社会科学文献出版社
地　　址 / 北京市东城区先晓胡同 10 号
邮政编码 / 100005
网　　址 / http://www.ssap.com.cn
网站支持 / (010)65269967
责任部门 / 编译中心　(010)85117871
电子信箱 / bianyibu@ssap.cn
项目经理 / 许春山
责任编辑 / 晓　崔
策　　划 / 佘晓灵　朱海华
责任校对 / 闫惜忠
责任印制 / 盖永东

总 经 销 / 社会科学文献出版社发行部
(010)65139961　65139963
经　　销 / 各地书店
读者服务 / 市场部 (010)65285539
排　　版 / 南京凯建图文制作有限公司
印　　刷 / 北京季蜂印刷有限公司

开　　本 / 787×1092 mm　1/16
印　　张 / 14
字　　数 / 164 千字
版　　次 / 2007 年 10 月第 1 版
印　　次 / 2007 年 10 月第 1 次印刷

书　　号 / ISBN 978-7-80230-839-8/K·104
定　　价 / 28.00 元